어른이 되어보니 보이는 것들

어른이 되어보니 보이는 것들

아무것도 모른 채 어른이 된 나에게

코이케 가즈오 저 | 김슬기 역

75세에 트위터를 시작해서 벌써 7년이 지났습니다. 82세나 되는 나이에 중학생부터 동년배들에 이르는 다양한 사람들과 매일 대화를 주고받은 덕분에 제 안에는 4세대 정도의 감각이 들어 있습니다. 천하국가(天下國家)를 공론하는 것 말고는 어떤 주제든 대화 가능합니다. 지난 7년간 제가 올린 것 중 가장 큰 반향을 일으키고 많은 공감을 얻은 트윗은 바로 이것입니다.

일본 성인 중에는 '돈을 가진 것에 불과한 아이' 같은 사람이 너무 많다. 성인의 소일거리가 과금 게임이어서는 안 되고, 콜라로 밥을 대신해서도 안 되고, 듣고 있는 음악 앨범에 악수권(일본 아이돌 문화의 하나로, 뮤지션과 악수할 수 있는 기회를 주는 쿠폰 같은 것을 말한다─옮긴이)이 딸려 있어서도 안 된다. 어른으로 대접받고 싶다면 어른이 되어라. 언제까지고 아이 행세를 할 순 없지 않은가.

저로서는 아주 당연한 말이었습니다. 어엿한 성인이 이 세상의 풍요로움, 광활함, 아름다움에 등을 지고 아이의 감성으로 행동하는 왜곡을 지적한 것인데, 일부 사람들은 제게 맹비난을 쏟아부으며 발언의 취지를 이해하지 못했습니다.

제가 살았던 세대는 어른이 되지 않으면 안 되는 시대였습니다. 어른이 아이의 감각으로 살아가는 것은 현시대에 누릴 수 있는 일종의 풍요로움인지도 모릅니다. 놀라운 점은 '내가 번 돈으로 무엇을 해서 즐거움을 얻든 내 마음인데, 당신이 뭔데 아이 같다는 등 판단하느냐'는, 예상 이상으로 분노에 찬 반응이 날아왔다는 것입니다. 하지만 저는 어른이 되지 못한 그 다수의 어른에게 묻고 싶습니다. 당신이 어른이 되지 않으면 누가 아이들을 지키고 키울 것이냐고 말이죠.

요전에 친구가 세상을 떠났습니다. 그는 주변 사람들에게서 성숙한 어른의 대표격으로 여겨졌습니다. 모두가 그를 가리켜 순수하고 세상 물정에 밝은 사람이라고 말했습니다. 골동품과 고서를 수집하는 취미가 있었고, 그 친구의 집 거실에는 늘 첼로가 놓여 있었습니다. 술을 잘 알고 시가를 피우는 고급 취향의 소유자이기도 했습니다. 하지만 오랫동안 그를 곁에서 지켜본 저는 알고 있었습니다. 그는 수집한 책을 거의 읽지 않았습니다. 그저 아름다운 책장을 만들기 위한 책이었습니다. 첼로도 연주할 줄 몰랐습니다. 센스가 좋은 남자였지만 좋은 센스만을 남기고 세상을 떠났습니다.

그럼에도 그가 대단하다고 생각하는 이유는 진정으로 성숙한 인간이 아님에도 불구하고 일흔 살에 생을 마감하기까지 성숙한 어른 남성이라는 스타일을 관철해 왔기 때문입니다.

죽기 전까지 우겨댄 거짓말은 어떤 의미에서 진실이지 않을까 생각했습니다. 주변에 가까운 사람들은 그가 진정으로 성숙한 인간이 아닌 가짜임을 알고 있었지만 다들 그 사실을 받아들이고 그와 어울렸습니다. 진짜 금화는 아니지만 아주 매력적인 가짜 돈이었기 때문입니다. 그리고 무엇보다도, 그 정도가 크든 작든 저는 그와 같은 부류라고 생각했습니다.

'성숙한 어른'이란 내가 성숙하지 않은 가짜 어른이라고 자각하는 어른을 가리킵니다. 그리고 조금이라도 진짜가 되고자 하는 어른을 말합니다. 이 책은 제가 80년 이상의 세월을 살며 실제로 느끼고 깨우친 인생의 결론을 정리한 것입니다. 성숙한 어른이 되기 위한 힌트를 하나라도 발견한다면 그보다 더 기쁜 일은 없을 것입니다.

1장 인간관계에 대하여

2장 일한다는 것에 대하여

3장 자기 자신과 잘 지내는 방법에 대하여

4장 살아가는 방식에 대하여

5장 나이듦에 대하여

1장

인간관계에 대하여

인간관계는 1+1=100

〰〰〰〰〰〰〰〰〰

어떤 사람과 관계를 맺는다는 것은 그 사람과 연결된 사람들과도 관계를 맺는다는 것입니다. 그렇게 연결된 사람을 새로 사귀면 또 그와 연결되어 있는 사람과의 관계가 시작됩니다. 이처럼 아는 사람이 늘어나는 과정에서, 이를테면 좋은 친구를 만들거나 연인이나 반려자를 찾는 것입니다. 인간관계는 1+1=2가 아니라 1+1=10 혹은 100일지도 모릅니다. 인간관계가 넓다는 것은 어떤 문제가 생겼을 때 나를 도와주는 사람이나 내가 조언을 구할 사람이 많아진다는 것입니다. 반대로 내가 도움을 줄 사람도 늘어난다는 것이기도 합니다. 서로가 서로에게 도움을 주는 덕분에 무엇이든 혼자 끌어안고 바짝 졸아들어 버리는 일이 줄어듭니다.

우리가 새로 누군가를 사귀고 그 관계를 이어나가는 것이, 다른 사람에게 잘 부탁하고 잘 의지하는 기술을 갈고닦는 것이 인생을 살아가는 데 있어서 굉장히 중요한 일이라는 것을 기억해야 합니다. 인생은 누구를 만나느냐에 따라 많은 것이 바뀌고 결정됩니다. 따라서 나에게 다가오는 새로운 누군가에게 이러저러한 잣대를 들이밀며 거절해 버리지 말고, 그 사람의 장점부터 보려는 노력을 해야 합니다. 그러면 다른 사람들도 나를 그렇게 바라봐 줍니다.

사람들이 종종 스스로를 비웃듯 '인기가 없다', '아무도 나를 좋아하지 않는다'고 말할 때가 있는데, 저는 일단 그러한 혼잣말을 그만두라고 조언합니다. 장래에 대한 불안감이나 고독은 누구나 안고 있는데, 자기 자신보다 더 큰 문제를 안고 있는 상대를 친구로 삼고 싶은 사람은 아무도 없을 것입니다. 또, 자신의 힘으로 해결할 수 있는 일을 타인에게 도와 달라고 애걸해서도 안 됩니다. 인간관계가 1+1=100은커녕 1+1=-1이 될 것입니다. 성숙한 어른이라면 인간관계의 기술을 익혀야 합니다.

무리해서 다가가지 않는다

82년을 살아온 지금까지 제 곁에 남아 있는 사람들은 제가 무리해서 사귀지 않은 사람들뿐입니다. 그렇다고 해서 제가 전혀 무리하지 않은 것은 아닙니다. 누군가를 위해서 부단히 애쓴 적도 있을 테고, 상대방도 저의 무리한 부탁을 들어 준 적도 수없이 많을 것입니다.

그럼에도 지금 더 좋은 관계를 지속할 수 있는 이유는 서로 도움을 주고받아 관계가 평등하기 때문입니다. 그리고 그 무리한 요구가 '기간 한정'이라는 점도 이유겠지요. 내가 그 사람에게 늘 무리한 요구를 하거나 반대로 내가 무리한 요구를 당하는 인간관계가 고정화되면 그것은 주종관계와 다를 바가 없습니다. 그런 관계에 불만을 느끼지 않는 사람이 있을까요? 그런 관계는 언젠가 끊어져 버립니다.

그리고 냉정하게 들릴지도 모르지만 '타인은 내가 나를 생각하는 만큼 나를 생각해 주지 않는다'는 점을 깨달아야 합니다. 어린아이 같은 성향이 강한 사람은 타인이 그 정도로 자신에게 흥미가 없다는 것을 이해하지 못하고 계속해서 자신이 하고 싶은 말을 하며 요구하기만 합니다. 심지어 그것을 듣고 있는 상대방이 참다 참다 내쉬는 한숨 소리조차 알아채지 못합니다. 저는 그런 사람들을 '자기 중독'이라고 부릅니다. **내가 다른 사람에게 무언가를 주고 상대방도 내게 무언가를 주고, 그 관계에 무리가 없는 상태가 바로 이상적인 관계입니다.**

무리가 없는 인간관계를 맺으면 그 사람과 함께 할 때 즐겁습니다. 그저 그뿐입니다. 어떤 사람과 함께 있을 때 마음이 편하다면 그것은 그냥 마음이 편한 게 아니라 상대방이 보이지 않게 배려해 주고 있는 것입니다. 인간관계의 성가신 부분을 상대가 떠맡아 주고 있는 셈이죠. 따라서 그 편안함에 일방적으로 기대기만 하고 그 환경을 만들어 준 사람에게 먼저 보답하지 않으면 관계를 제대로 유지하기 힘듭니다.

'친한 것'과 '뻔뻔한 것'은 종이 한 장 차이라는 점을 자각하지 않으면 원만한 인간관계는 쌓을 수 없습니다. 그리고 '친한 것'과 '뻔뻔한 것'을 혼동하지 않기 위한 효과적인 방법이 있습니다. 바로 '예의'를 지키는 것입니다. 아무리 친해도, 아니 친하기 때문에 더더욱 예의 지키기를 잊어서는 안 됩니다. 무리 없는 인간관계의 핵심은 예의를 지키고, 서로가 평등하다는 점을 잊지 않는 것입니다.

쓸데없는 흥정은 하지 않는다

인간관계에서 흔히 문제가 되는 일이 있습니다. 상대방이 연락하지 않는다고 해서 나도 연락하지 않거나 상대방이 만나자고 하지 않으니까 나도 만나자고 하지 않는 식의 '흥정'을 하는 일입니다. 인간관계에서 이 같은 흥정은 정말이지 감정과 시간을 낭비하는 행동이 아닐까 싶습니다. 제가 가장 껄끄러워하는 부류의 사람은 '남을 시험하는 사람'입니다. 사랑이 부족한 사람은 남을 시험합니다. 남을 신용하지 않는 사람은 남을 시험합니다. 저는 남을 시험해야겠다는 생각이 들었을 때 '내가 지금 옳지 않은 방향을 바라보고 있구나' 하고 자숙하는 기준으로 삼고 있습니다.

할 말이 있으면 내가 먼저 전화를 걸면 되고, 만나고 싶으면 내가 먼저 만나자고 하면 됩니다. 일단 나부터 하는 것이죠. 마음을 전하려 하지 않으면 가닿지 못합니다.

제 나이 정도가 되면 만나고 싶어도 더 이상 만날 수 없는 사람들이 많아집니다. 젊었을 때는 이상한 자의식 과잉에 빠져서 늘 상대가 나보다 먼저 연락하고 약속을 잡아야 한다고 생각하기도 했습니다. 하지만 그럴수록 오해만 쌓이고 사이만 멀어질 뿐입니다.

만나고 싶은 사람에게는 만나고 싶다고 말하고, 호감을 느끼는 사람에게는 좋아한다고 솔직하게 마음을 전해야 합니다. 사람은 사람을 만나지 않으면 아무것도 시작되지 않습니다. 새로운 관계가 시작되더라도 오래 지속되는 경우보다는 짧거나 얕은 관계로 끝날 때가 많은 것이 사실입니다. 그런 와중에 평생의 친구나 반려자를 만난다는 것은 엄청난 행운이겠지요.

최근 TV에서 과거에 아주 사이가 좋고 친했던 친구가 지금 무엇을 하며 사는지 알아보는 프로그램이 인기를 끌고 있습니다. 오랫동안 연락이 끊어졌던 친구를 어찌저찌 어렵사리 찾아내면, 스튜디오에 앉아 있는 패널들이 "역시나네요", "훌륭한 사람이 되었네요" 하며 칭찬하는 것이 이 프로그램의 패턴입니다. 그런데 저는 이 프로그램을 볼 때마다 약간의 위화감을 느낍니다. 그 이유는 그토록 친했던 친구와도 인연이 끊어졌다는 현실 때문입니다.

이별은 '안녕'이라고 단언하며 하는 경우는 아주 드뭅니다. '그럼 또 보자'라고 말하며 두 번 다시 만나지 않는 경우가 압도적으로 많습니다. 애달프지만 그것이 현실입니다. 그래서 보고 싶은 사람이 있다면 솔직하게 마음을 전하기 위해 전화를 걸고 만나러 가야 합니다.

살아가면서 많은 사람을 만나고 자신의 세계를 넓혀가는 것은, 나이에 상관없이 일상의 보람이자, 인생의 가장 큰 즐거움입니다. 그 가장 큰 즐거움을 깨달은 사람은 흥정 같은 것은 하지 않고 언제나 다른 사람과의 만남을 즐길 수 있습니다.

에너지 도둑 구별법

제가 학생이었을 때 옆자리 친구가 어려운 수학 문제를 열심히 풀고 나서 기쁜 마음으로 선생님께 보여주러 갔는데, 선생님이 '이 정도로는 어림도 없다'고 말한 장면을 지금도 잊을 수 없습니다. 그런 차가운 말 대신 따뜻한 칭찬으로 답해 주었다면 어땠을까요? 그 순간은 친구에게 수학에 눈을 뜨는 중요한 계기가 됐을지도 모릅니다.

어른의 세계에서도 마찬가지입니다. 부정적인 말로 의욕을 꺾어 버리는 일명 '에너지 도둑'은 우리 주변에도 굉장히 많습니다. 그런 사람들의 심리를 들여다보면, 다른 사람에게 좋은 일이 생기는 것을 시샘하거나, 자기 통제하에 두고 싶어 하거나, 자신을 추월하는 사람을 눈엣가시로 여긴다고 해야 할까요. 이런 에너지 도둑으로부터 나를 지키는 것은 매우 중요합니다. 여기서 더 주의해야 할 점은 당신을 생각해 주는 척하는 선의의 얼굴을 가진 에너지 도둑입니다.

제 의사 친구는 대학 입시를 준비할 때 선생님이 절대로 그 대학에는 합격하지 못할 테니 안전권에 있는 다른 대학에 지원하라고 하여 진로를 변경할 뻔했다고 합니다. 고민 끝에 원래 가려고 했던 대학에 지원하자 합격했고, 지금은 훌륭한 의사로 활약하고 있습니다. 그는 지금도 '그때 그 선생님의 말을 들었다면 완전히 다른 인생을 살았겠지' 하고 생각할 때마다 소름이 끼친다고 말합니다. 이 밖에도 '그렇게 하면 미래가 없을 것'이라는 최악의 협박으로 다른 사람을 제어하려고 하는 사람도 있습니다.

에너지 도둑과 진지하게 조언해 주는 사람을 혼동해서는 안 됩니다. 내가 바라는 모습의 내가 될 것인가, 아니면 늘 다른 사람에게 휘둘리는 내가 될 것인가 이 물음에 대한 대답을 확실히 가지면 그 둘의 차이를 구별할 수 있습니다.

나를 사랑하는 만큼
타인을 사랑할 수 있다

이것은 진리의 말이라고 생각합니다. 타인을 봐도, 제 스스로를 돌이켜봐도 그렇습니다. 나조차 사랑할 수 없는 사람이 타인을 사랑할 수 있을 리 없습니다. 사람은 자신에 대한 긍정 이상으로 다른 사람을 긍정할 수 없습니다. 자기 이해의 한계가 세상을 바라보는 시선의 한계가 되는 것입니다. 자신을 사랑할 수 없는 사람은 타인을 미워하기 시작합니다. 나아가, 자신을 사랑하는 방법을 모르면 타인을 사랑하는 방법을 알 수 없습니다.

종종 '저 사람은 참 자기애가 강해' 하며 부정적인 시선으로 바라보는 경우가 있는데, 저는 스스로를 좋아한다는 것은 아주 훌륭한 일이라고 생각합니다. 그런 사람은 분명 타인을 사랑하는 방법도 알고 있을 테니까요. 더 이상 '부족한 아들'이나 '부족한 아내' 같은 말로 겸손을 떨거나 자신을 먼저 낮추는 것을 미덕이라고 여기는 시대가 아닙니다.

나에게 엄격하고 타인에게 친절하고, 다시 한 바퀴 돌아서 나에게는 더 다정해야 합니다. 스스로에게 자신감을 가져야 비로소 다른 사람에게 다정할 수 있는 여유가 생기는 법입니다. 그런 사람은 주변 사람 모두를 다정하게 변화시킬 수도 있습니다. 일단 나 자신을 좋아하는 것이 다른 사람과 연결되는 시작점인 것입니다.

많은 사람이 인간관계 때문에 힘들어하고, 심지어는 스스로 목숨을 끊습니다. 자살을 택한 이유가 인간관계 때문이라면 사는 이유도 인간관계 때문일 것입니다. 복합적인 자살 원인 중 하나가 인간관계인 경우도 많습니다. 저는 늘 어른이든 아이든 인간관계에 대한 고민의 수준은 비슷하다고 느낍니다. 따돌림이 됐건 사람에 대한 좋고 싫음이 됐건 아이들의 세계에 존재하는 일은 어른들의 세계에도 존재하고, 어른들의 세계에 존재하는 일은 아이들의 세계에도 존재합니다.

그러나 성숙한 어른에게는 인간관계에 대한 그들만의 규칙이 있습니다. 인간관계는 내가 나를 올바르게 평가하고 그것을 받아들여야 비로소 시작됩니다. '스스로가 보는 나'와 '다른 사람에게 보이는 나'가 다르면 출발 지점에서 이미 어긋난 인간관계를 맺을 수밖에 없습니다. 다른 사람과 제대로 관계를 맺기 위해서는 우선 나 자신과 잘 지내는 것이 무엇보다 중요한 이유입니다.

너무 가까우면 오히려 파괴된다

인간관계에서 가장 중요한 키워드는 '경의'입니다. 서로에 대한 경의에 따라 사람과 사람 사이의 거리감이 결정됩니다. '마음의 거리감'뿐만 아니라 실제로 서로를 어떻게 대해야 하는가 하는 '태도의 거리감'도 자연스럽게 정해집니다.

관계는 너무 가까워지면 파괴되는 법입니다. 거리가 너무 가깝다는 말은 상대방에게 의존하고 있다는 말입니다. 부모든 상사든 친구든 한쪽이 위이고 한쪽이 아래라는 생각을 버리지 않으면 좋은 관계는 맺을 수 없습니다. 아무리 상하관계나 주종관계가 존재했다고 해도 그것은 편의를 위한 것입니다. 좋은 관계는 서로에게 경의를 가질 수 있는가, 그렇지 않은가에 달려 있습니다.

다른 사람과의 커뮤니케이션에 대해서 그리 어렵게 생각하지 않아도 좋습니다. 하고 싶은 말이 있을 땐 말을 걸어 이야기를 들어 달라고 하면 되고, 할 말이 없을 때는 조용히 있으면 됩니다. 괜한 말은 하지 않아도 좋습니다. 침묵도 말하는 방식의 한 가지입니다. 그리고 다른 사람이 말하고 있을 때는 그저 진지하게 듣습니다. 기본은 오직 이것뿐입니다.

다른 사람에게 미움받는 일을 피하려고 애쓰다 보면 누구에게나 좋은 얼굴을 보여주는 가면을 쓰게 될 수밖에 없습니다. 자기도 모르게 좋은 사람을 연기하며 매일 스스로를 괴롭히는 것입니다. 그렇게 힘들게 인간관계를 유지하는 것보다는, 단호하게 기준을 정해서 어울릴 사람을 정해 보는 것이 낫습니다. 스트레스도 훨씬 덜 받고 곁에 있는 사람에게 집중하는 깊은 인간관계를 맺을 수 있습니다.

쓸데없이 이런저런 사람에게 인심을 얻으려고 하다 보면 이용당하기 쉽습니다. 그러다 뒤늦게 이용당했다는 사실을 깨달았을 때는 상처받고 자책하게 됩니다.

인간관계를 맺을 때 다른 사람에게 솔직한 것도 중요하고, 또 나 자신에게 솔직한 것도 중요합니다. '이 사람이랑은 마음이 잘 맞을 것 같다', '이 사람이랑은 자꾸 어긋나는 것 같으니 실수하지 않도록 거리를 두는 편이 좋겠다' 등처럼 내가 생각하는 대로 솔직하게 인간관계를 맺어야 가장 자연스럽고, 무엇보다도 기분 좋은 관계를 쌓을 수 있습니다.

타인에게 완전함을 요구하지 않는다

요즘은 도대체 '타인 평론가'가 왜 이렇게 많은 걸까요? '연예인 아무개가 살이 쪘네, 빠졌네', '아무개가 불륜을 저질렀네', '그 사람이 한 말에 품격이 있네, 없네'처럼 세상의 온갖 사람들에 대한 평가와 소문이 계속해서 넘쳐흐릅니다. 이런 사람들을 보면 마치 자신이 타인을 재단할 가치가 있는 인간이라고 자부하는 듯합니다.

이와 같은 타인 평론가가 쉽게 빠지는 덫이 있습니다. 그것은 타인을 재단하는 평론가의 눈으로 자기 자신까지도 평가하게 된다는 점입니다. 그래서 인터넷상에는 익명의 가면을 쓰고 집착적으로 타인의 결점을 찾아내는 동시에 스스로를 왜곡된 눈으로 바라보고 굉장히 낮게 평가하는 사람들이 많습니다. 저보다 나이가 많은 사람이 인터넷을 자유자재로 활용하는 일은 별로 없습니다. 제가 생각하기에 저는 뒤처진 최후의 인터넷 세대라고 생각합니다. '이 나이에 인터넷을 활용할 줄 알아서 다행이다'라는 생각이 들면서도, 타인 평론가가 넘쳐나는 현실을 보면 '인터넷 같은 건 모르는 편이 나았다'는 생각도 듭니다.

제가 유년 시절을 보낸 아키타의 작은 마을에서 가장 예쁜 사람은, 지금으로 말하자면 미스 유니버스 같은 존재였습니다. 과장이 아니라 마을 축제에서 춤을 추던 그 모습이 지금까지도 선명하게 떠오를 만큼 아름다웠습니다. 그때는 마을에서 가장 아름다운 여성이 세상에서 가장 아름다운 듯 보이는 기쁨이 있었습니다. 그럼 그런대로 또 행복하지 않았을까요?

여기에 더해서 제가 마음에 굳게 새긴 것 중 하나는 '다른 사람에게 들은 이야기나 소문만으로 사람을 싫어하지 말자'입니다. 그 어떤 이야기일지라도 반드시 말하는 사람의 주관이 섞여 있습니다. 반대로 한 번도 말을 섞은 적 없는 사람이 멋대로 나에 대한 이미지를 만들게 하고 싶지도 않습니다. 누구를 싫어하고 누구를 좋아할 것인가 하는 것은 스스로 정해야 합니다.

제 지인 중에 '스피커'라고 불리는 사람이 있습니다. 물론 부정적인 의미로 놀림을 받는 것이지만 한편으로는 아주 편리한 존재로 이용당하기도 합니다. 누군가의 비밀이나 험담을 퍼뜨리고 싶을 때 모두 그 사람에게 이렇게 속삭입니다.

"이 얘기는 비밀로 해 줘요. 만약 다른 사람한테 얘기하게 되면 꼭 비밀이라고 말해 두세요."

이렇게만 하면 그 비밀은 순식간에 사방으로 퍼져나갑니다. 정작 그 사람은 자신이 이용당하고 있다는 것을 눈치채지 못하고 신나게 소문을 퍼뜨립니다. 타인에게 이용당하는 사람은 타인에게 인정받았다고 착각합니다. 스스로 정보를 통제하고 있다고 착각하는 그 모습은 마치 벌거숭이 임금님과도 같습니다. 그 벌거숭이 임금님의 노예들은 또 얼마나 많은가요!

저는 무언가 신경이 쓰이는 이야기를 들었을 때 반드시 본인에게 묻습니다. 그게 아무리 좋지 않은 일이라고 해도 말이죠. 오히려 물어보기 껄끄러운 일이야말로 본인에게 직접 물어서 진의를 확인하는 것이 예의라고 생각합니다.

타인에 대해서는 제가 직접 귀로 듣고 눈으로 본 것만 믿으려고 합니다. 저도 소문 때문에 불쾌했던 경험이 종종 있었기 때문입니다. 하지만 어떤 문제가 생겼을 때 비로소 제게 소중한 사람과 그렇지 않은 사람이 갈리기 때문에 오히려 좋은 기회라고 생각하고 있습니다. 그리고 저에 대한 나쁜 소문이 돌았을 때 '그런 사람 아니야' 하며 저를 감싸 주고, 더 나아가 '그 소문이 사실이어도 괜찮다'고 말해 주는 사람들을 평생 소중히 여기고 싶습니다. 저 또한 그런 사람이 되고자 생각합니다.

누구나 다른 사람이 몰랐으면 하는 것이 있지만 세상에는 영원한 비밀 같은 건 없습니다. **남의 허물을 발견하더라도 그것을 굳이 지적하지 않는 따뜻함을 지니고 있는가, 너그러이 수용하는 다정함이 있는가 둘 중에 하나를 선택하는 일뿐입니다.** 그보다 먼저 타인에 대한 결벽증으로 타인 평론가를 자처하는 일이 없도록 주의를 기울여야 합니다.

이별하는 순간은 반드시 온다

누군가와 연을 끊을 각오를 한다는 것은 매우 중요한 일입니다. 그저 '오래 알고 지낸 사이니까' 혹은 '부모 자식 관계니까' 하며 정에 얽매여 계속해서 고통받을 필요는 없습니다. 나를 괴롭히는 인연은 일단 끊어 버리는 것이 좋습니다. 나를 괴롭게 하는 사람과의 인연을 꼭 이어갈 필요는 없습니다. 또, 끊어진 인연이라도 진정한 인연이라면 언젠가 다시 이어집니다. 만약 다시 한번 이어졌다면 그 인연을 소중히 간직하면 되는 것입니다.

더욱이 나를 괴롭히는 오랜 인연이 새로운 연을 맺는 데 방해가 될 때도 종종 있습니다. 가장 이상적인 방식은 한번 맺은 인연은 소중히 여기고, 더 나아가 나의 세계를 넓혀 주는 새로운 인연을 맺는 것입니다. 그러나 인생을 살다 보면 인연의 신진대사가 필요한 순간이 여러 번 찾아옵니다.

제 경험상 연을 끊지 못하고 억지로 이어가는 관계는, 왠지 마음에 들지는 않지만 버리기는 아까워서 '언제 또 입을 날이 올지도 몰라' 하며 갖고 있는 옷과 같습니다. 다시 입어 보면 아무래도 같은 이유로 마음에 들지 않아 결국 입지 않게 됩니다. 내가 고르는 옷조차 매번 이렇게 달라지는데 내가 어울리는 사람이 달라지는 것은 어쩔 수 없는 일 아닐까요?

특히 아직 새로운 사람을 많이 만날 기회가 있는 사람들에게 이런 말을 전해 주고 싶습니다. 내가 희생함으로써 몇몇 사람을 행복하게 하기보다는 연이 끊어지더라도 나를 행복하게 하는 쪽을 선택하라는 것입니다. 내가 불행해서 다른 사람의 행복이 성립하는 경우보다 내가 행복해짐으로써 다른 사람이 행복해지는 경우가 훨씬 많기 때문입니다.

그렇지만 타인과의 결별은 결코 간단한 일이 아닙니다. 사람에게는 도리가 있고, 사정도 있습니다. 그러나 결별해야만 하는 사람과는 결별해야 할 이유가 있습니다.

여기서 매우 중요한 것은 그냥 결별하는 것이 아니라 '용서하고' 결별하는 것입니다. 원통한 일을 가슴에 끌어안은 채로는 물리적으로 연을 끊어내도 마음의 연은 끊어지지 않습니다. 마음의 연을 끊기 위해서는 상대방을 가위로 재단하듯 자르는 것이 아니라 용서하고 헤어지기로 마음먹어야 합니다.

용서하되 잊지 않는다

제가 트위터로 알게 된 어떤 사람은 상처받은 '어덜트 칠드
런'(Adult children, 부모에게서 독립하지 못하고 아이 상태에 머물러 있
는 성인을 가리키는 용어—옮긴이)을 돌보는 활동을 하고 있습니다.
자신도 부모에게 줄곧 부정당하며 아주 괴로운 유년 시절을
보냈기 때문에 자신과 비슷한 정도의 괴로움을 경험한 사람들
을 모아서 좀 더 자립심을 키우고 의연하게 살아갈 수 있도록
돕겠다는 취지입니다.

하지만 그 사람은 자식인 그에게 무관심하고, 스스로를 돌
보지 않으며, 아버지의 횡포나 폭력을 용서한 어머니를 내내

미워하고 있었습니다. 그런 마음을 해소하지 못한 채 이제는 고령이 된 어머니를 병간호하면서 하루하루 괴로운 시간을 보내고 있었습니다.

저는 그런 어머니에 의한 심리적 속박으로부터 당장 벗어나야 한다고 생각합니다. 하지만 그 사람과 소통할 때 그 점에 대해서는 한마디도 하지 않습니다. 착한 성품 때문인지 의무감 때문인지 알 수는 없으나 어머니와 연을 끊지 않겠다고 마음먹은 것은 그 사람의 결정입니다. 다른 사람이 왈가왈부할 일은 아닙니다.

물론 저라면 어린 시절부터 지금까지 계속해서 저를 괴롭히는 어머니와 연을 끊을 것입니다. 상대하지 않을 것입니다. 그러나 사람의 정이란 때때로 이해를 넘어선 다정함과 상상력을 발휘하여 공감해야 할 때도 있습니다.

저는 부모 자식 관계를 건조하게 바라봅니다. 부모를 아버지, 어머니이기 전에 내 인생처럼 이런저런 사정이 있고 실패한 과거가 있는 남녀라고 생각합니다. 떨쳐내지 못한 이런저런 과거가 있는 미스테리한 사람들인 동시에 나와 가장 가까운 타인들인 것이지요. 제가 완벽한 자식이 아니듯 완벽한 부모 같은 것도 존재하지 않습니다.

자신을 괴롭힌 어머니를 미워하면서도 책임지고 간호하겠다는 것과 어린 시절 부모가 준 트라우마로부터 도망치지 못한 어덜트 칠드런을 구제하기 위해 자원봉사를 하겠다는 것은 언뜻 모순처럼 느껴지지만 '용서하되 잊지 않기, 그러나 받아들이기' 같은 것입니다.

한편, 용서하되 잊지 않는다는 것을 상대방에게 제대로 전달하지 않으면 승화할 수 없습니다. '당신 때문에 나의 인생에서 중요한 시기의 대부분이 허무하게 흘러갔고 지금도 마찬가지다. 그로 인한 마음의 상처는 지금도 깊지만 당신을 용서한다'고 분명히 전달해야 합니다. 그 말에 어머니는 육아는 누구에게나 어려운 일이라는 둥 폭력적인 남편에게 휘둘렸다는 둥 수많은 변명을 늘어놓을지 모릅니다.

얼마 전, 그 사람도 어머니에게 자신의 생각을 분명히 전달했습니다. '사과하라'며 진정한 사죄를 바라는 말에 어머니는 '미안했어'라며 단 한 번 사과했을 뿐이라고 합니다. 그래도 그것이 어머니를 돌보기로 마음먹은 계기가 되었다고 합니다.

아마도 그 사람은 자신의 부모님을 평생 원망할 것입니다. 그리고 행복한 가정에서 자란 누군가를 평생 부러워할 것입니다. 솔직히 말해서 어머니에게 애정은 느끼지 못할 것입니다. 사랑이라기보다는 정, 자비에 가까운 감정이 아닐까요?

그럼에도 불구하고 용서하기로 결심하고 앞으로 나가는 그 모습은 씩씩하고 아름답기까지 합니다. '다른 사람을 용서하는 것', '다른 사람을 돕는 것' 모두를 체득한 그의 모습에서 진정으로 성숙한 어른의 태도를 배울 수 있습니다.

무례한 사람에게 대처하는 법

여러분은 예의 없는 사람을 만나면 어떻게 합니까? 나름대로 대처하는 방법을 가지고 있습니까? 제가 어렸을 때를 돌아보면 그런 사람들의 태도 때문에 상처받고 고민했습니다. '나한테 마음에 안 드는 구석이 있는 걸까?', '저 사람이 저런 태도를 취하는 원인이 나에게 있는 걸까?' 하고 말이죠. 하지만 깨달았습니다. 무례한 사람은 나와 잘 지내고 싶은 마음이 없는 사람이기 때문에 애초에 신경을 쓰거나 진지하게 대할 필요가 없다는 것을요.

상대와 원만한 관계를 맺고 사이좋게 지내려고 하는 사람은 저절로 그것이 태도에 배어 나옵니다. 혹시 무례하게 행동하는 사람이 하는 말에 '아, 그렇구나. 이 사람 말이 맞다'고 납득한 적이 있나요? 저는 한 번도 없습니다. 누구나 다른 사람의 마음을 얻고 싶으면 스스로의 말과 행동을 다듬고 조심스럽게 행동합니다. 그런 노력 없이 무례한 태도로 일관하는 사람에게 마음의 상처를 받으며 계속 잘 대해 줄 필요는 전혀 없습니다.

무례하게 행동하는 사람들을 관찰해 보면 그들은 사람을 고릅니다. 당신에게는 무례하게 행동해도 된다고 얕보고 있는 것입니다. 예의도 없고 나를 얕보는 사람에게는 좋은 태도를 기대하지 말자고 결론 짓고 관계를 맺을 수밖에 없습니다.

SNS를 하다 보면 놀라울 정도로 무례한 메시지를 보내오는 사람이 있습니다. SNS를 하는 제 주변 사람들도 다들 비슷한 경험을 한 적이 있다고 합니다. 그런 무례한 메시지를 받았을 때 제가 가장 먼저 느끼는 감정은 분노보다는 동정입니다. 익명이라는 그림자에 숨어서 다른 사람을 불쾌하게 만드는 사람이 선한 사람들에게 둘러싸여 행복하게 살고 있으리라고는 도저히 생각할 수 없습니다. 외면은 내면의 가장 바깥쪽입니다. 거친 마음은 외모의 미추(美醜, 아름다움과 추함─옮긴이)에도 드러나지만 표정이나 세세한 몸짓, 물건을 다루는 방식, 말투, 행동 등 삶의 태도에서도 분명히 드러납니다.

마음의 크기를 정한다

누구에게 반응하고, 반응하지 않을 것인가. 누구에게 마음을 쓰고, 마음을 덜 쓸 것인가. 마음의 크기와 그에 따른 반응을 정하는 일에 일상의 쾌, 불쾌가 달려 있습니다. 반응하지 않아도 되는 사람에게 반응하는 것은 불쾌함의 극치입니다. 반대로 반응해야만 하는 사람에게 반응하는 것은 내게도 유익하고 관계를 돈독하게 만들어 줍니다. 예를 들어, 상대방으로부터 무언가 불쾌한 말을 들어도 내 안에서 반응해야만 하는 사람, 반응하지 않아도 되는 사람의 기준을 확실히 세워 두면 마음이 어지러운 일이 줄어듭니다.

물론 사람의 마음이기 때문에 그때는 불쾌하겠지만, 지금은 반응하지 않아도 되는 상대와 대치하고 있는 중이라고 생각하면 나중까지 그 불쾌함을 질질 끌고 가는 일이 줄어듭니다. 그리고 반응해야만 하는 상대와 마주하고 있을 때는 상대를 존중하고 진중하게 대하기로 마음먹어야 합니다. 인연이 닿아 만난 모든 사람과 원만한 인간관계를 쌓을 수 있다면 더할 나위 없겠지만 그것은 현실적으로 어려운 일이기 때문에 이러한 가치 기준을 세워 두면 인간관계로 인한 스트레스를 조금이나마 줄이는 데 도움이 됩니다.

또, 반응하지 않아도 되는 사람 중에는 나와 아주 가까운 사이인 사람도 포함될 수 있습니다. 부모 자식이나 형제처럼 무슨 일이 있어도 관계를 유지해야 하는 사람들이 오히려 내게 상처를 주고 괴롭게 하는 경우가 많습니다. 이때 이 가치 기준이 나를 지켜 줄 수 있습니다.

사실 이것은 마음의 크기를 아주 작게 만드는 단념과 비슷한 감정입니다. 그럼에도 이 사람의 말에 나는 반응하지 않겠다고 마음먹어야 합니다. 그 대신, 반응하기로 한 사람이 하는 말에는 늘 주의를 기울여야 합니다. 귀가 따가운 충고라 하더라도 말이죠. 우리가 반응해야만 하는 사람은 나의 자신감을 북돋워 주는 사람 그리고 자신감이 지나칠 때를 지적해 주는 사람입니다.

일단 반응할 사람과 반응하지 않을 사람을 구분하는 안목을 길러야 합니다. 모처럼 나를 위해 일부러 엄격한 말을 해 주는 사람을 무시해 버려도 된다고 착각하면 나의 성장을 기대할 수 없습니다. 달콤한 말에만 반응하고 엄격한 말에는 반응하지 않는 것은 유치한 응석에 불과합니다.

상대방을 막다른 곳으로 몰아넣지 않는다

누군가에게 무언가를 요구했는데 얻지 못했다고 해서 집요하게 쫓아서는 안 됩니다. 왜냐하면 그 사람은 내가 요구하는 것을 갖고 있지 않거나 갖고 있어도 제공할 수 없는 이유가 있기 때문입니다. 사람이든 물건이든 그 무엇이든 말입니다. 인생을 살다 보면 포기할 줄 알아야 할 때도 있습니다. 집착은 인간관계를 악화시킬 뿐입니다.

요즘 깊은 사랑과 집착을 잘 구별하지 못하는 사람이 점점 늘고 있는 것처럼 느껴집니다. 사랑이 깊은 사람의 시야는 아주 넓고, 그들은 타인의 자유를 존중합니다. 집착하는 사람의 시야는 놀라울 만큼 좁아서 자신의 기준에서 벗어나는 상대를 점점 속박합니다. 특히 연인 사이나 아주 절친한 친구 사이에서 사랑과 집착을 혼동하기 쉬운데, 상대가 얼마나 나의 자유를 인정해 주는가를 생각해 볼 필요가 있습니다. 이상하게 눈치를 보게 되고, 잘못하는 기분이 든다면 그것은 속박입니다. 이것은 피가 섞인 부모 자식이라 해도 마찬가지입니다.

상대를 끈덕지게 쫓는다는 것은 상대를 막다른 곳에 몰아넣는다는 것입니다. 막다른 곳에 다다른 사람은 어떤 태도를 취할 수 있을까요? 반격하거나 도망가거나 두 가지 선택지가 있습니다. 어느 쪽을 택하든 막다른 곳에 다다른 사람에게 좋을 건 아무것도 없습니다. 쫓아다니고 싶을 만큼 사랑이 깊은 사람이라면, 그 사람을 잃을 거라는 걸 알면서 굳이 그렇게 할 필요가 있을까요? 집요하게 쫓기보다는 상대방을 신뢰하고 자유를 존중해 줘야 좋은 관계를 쌓을 수 있습니다.

일류는 경쟁하고
이류는 무리를 짓는다

　무리를 짓는 것과 내 편을 만드는 것은 완전히 다릅니다. 내 편은 의견이나 개성이 달라도 수용할 수 있지만 그저 한 무리에 속할 뿐인 사람은 대수롭지 않은 일로도 싸우고 관계가 파괴됩니다. 유효기간이 짧은 인간관계만 쌓는 셈이죠. 공공의 적을 만들어 일시적으로 한편이 되는 것만으로는 진정한 동료가 되기 어렵습니다.

　물론 각자가 가진 성격도 영향을 미치겠지만 일류끼리는 결코 무리를 짓지 않습니다. 이류끼리는 서로 위로합니다. 반면에 일류끼리는 서로 경쟁합니다. 그리고 서로를 인정하는 동료가 됩니다. 서로를 인정하면서 경쟁을 하는 것입니다.

수십 년 전에 유토리 교육(개성을 강조하며 '여유 있는 교육'을 목표로 삼고 제창되었던 일본의 교육 방식—옮긴이)이 시행되었을 때 저는 이 얼마나 바보 같은 교육 정책인가 싶어서 말문이 막혔습니다. 수업시간과 수업내용을 축소한 탓에 기초학력이 저하되었고, 자율성을 강조한다는 방침 때문에 교사가 적극적으로 학생을 지도하지 못했습니다. 아이들에게 필요한 것은 '사랑'과 '교육'이지, 여유가 아닙니다. 애정을 가장한 경쟁 원리의 포기임을 직감했습니다.

심지어 이것은 어른들이 만든 교육 정책이기 때문에 아이들에게는 아무런 책임이 없는데 '유토리 세대'와 한데 묶여 야유를 받았습니다. 국가의 잘못된 정책은 역사가 혹평합니다. 하지만 그것은 나중 일이지 당사자 입장에서는 당장 직면해야만 합니다. 결과적으로 주입식 교육은 좋지 않다고 생각해 유토리 교육을 믿은 부모 세대의 자녀들 사이에 커다란 교육 격차가 발생하여 사회 문제로 대두되었습니다.

제가 겪은 교육 방식이 전부 좋았다고는 생각하지 않지만 적어도 경쟁 원리는 어렸을 때부터 익혀 왔습니다. 예를 들어, 고흐와 고갱이 서로를 이해했다면 결별 후 그 정도로 대단한 걸작은 탄생하지 않았을 것입니다. 일류끼리는 결코 떼를 짓지 않고 서로 경쟁하며 비극이라 할지라도 최고의 성과를 남깁니다. 일류가 된 자들이 진정한 동료이고 경쟁 상대가 될 수 있는 셈이죠.

화내는 방식이 잘못된 사람과는
거리를 둔다

    모두에게 꼭 전하고 싶은 말이 있습니다. 연애 상대나 반려자를 고를 때에는 반드시 그 사람이 화가 났을 때 어떤 태도를 취하는지를 주의 깊게 보아야 한다는 것입니다. 화내는 방식을 보면 본성이 드러납니다. 어느 정도 교양을 지니고 있는지, 어떻게 자랐는지 알 수 있습니다. 모든 게 다 보이는 셈이죠. 화는 벌거벗은 감정입니다. 벌거벗었지만 계산적인 측면도 있는 감정입니다. 다른 자질이 아무리 훌륭해도 화내는 방식이 잘못된 사람과는 결국에는 좋지 않은 방식으로 관계를 끝맺게 됩니다.

뉴스에서는 살인이나 폭행 사건이 매일같이 보도되는데, 그 원인의 대부분은 분노를 억제하지 못한 데 있습니다. 사소한 일에 발끈해서 범행을 저지르는 사람이 있는가 하면 오랫동안 앙심을 품고 있다가 복수를 하는 사람도 있는데, 분노는 인간의 감정 중에서도 가장 제어하기 어려운 감정입니다.

자기 자신이 분노의 대상이 되었을 때에만 주목해서는 안 됩니다. 나에게는 아니더라도 역무원이나 편의점 점원, 공공기관의 창구 직원처럼 쉽게 반격하지 못하는 상대에게 아주 쉽게 분노하는 모습을 보인다면, 머지않아 나에게도 그렇게 할 가능성이 큽니다.

당연히 분노를 느끼지 않는 인간 같은 것은 존재하지 않습니다. 하지만 분노의 감정을 다른 사람에게 표출하거나 전염시키지 않으려고 노력하는 사람들은 있습니다. 상대방이 1만큼의 실수를 저질렀을 때에는 1만큼 화를 내고, 10만큼의 실수를 저질렀을 때에는 10만큼의 화를 내는 식으로 사실과 현상에 비례하는 분노가 있다면, 불과 1밖에 되지 않는 상대의 실수에 100만큼의 분노를 폭발시킬 때가 있습니다.

분노를 억누르지 못한 사람은 여유가 결핍되어 있는 경우가 많습니다. 저는 기분 좋게 살아가기 위해 가장 중요한 것은

'사람으로서의 여유'라고 생각하는데, 여유가 없는 사람을 보면 분노의 도화선이 놀라울 정도로 짧습니다.

최근에는 인터넷상에서 누군가에게 험한 말을 들었다는 이유만으로 살인 사건이 일어났습니다. 난폭 운전으로 사망자가 발생하는 사건도 사회 문제로 대두되고 있습니다. 그렇기 때문에 분노를 제어할 수 없는 사람은 그가 아무리 매력적으로 보여도 거리를 두어야만 합니다.

예전에 친구와 함께 이야기를 나누는데, 친구가 "희노애락 중에서 '노'만이 가장 솔직하고 순수해. 기쁨, 슬픔, 즐거움에는 순수해질 수 없어. 뭔지 모르게 거짓말이 있어"라고 말해서 묘하게 납득한 적이 있습니다.

제가 지금껏 살아오며 내린 결론은 분노를 제어할 수 없는 사람은 언뜻 강해 보여도 사실은 나약한 사람이라는 것입니다. 나약하기 때문에 본능적으로 남을 더 위협하는 것입니다. 화내는 방식이 정상의 범주를 벗어난 사람과는 인간 대 인간으로서 어울릴 가치가 없다고 단호하게 결론 짓고 연을 끊어야 행복해질 수 있습니다. 화가 나도 문은 조용히 닫는 것이 성숙한 어른의 태도입니다.

인간관계도 연습이 필요하다

최근에 사람들과 이야기를 나누다가 그들에게서 희한한 공통점을 발견해 크게 놀란 적이 있습니다. 이를테면, 자주 가는 음식점에서 점원이 친절하게 대하면 다음에 갈 생각이 사라진다는 것입니다. 그렇다고 그 점원의 태도를 싫어하는 건 아닙니다. 친절함 때문에 불편하다는 것입니다. 이 이야기를 트위터에 업로드했더니 수많은 의견이 날아왔습니다. 99퍼센트가 그들의 마음을 이해하고 자기도 똑같이 행동한다는 것이었습니다.

솔직히 저는 음식점에서 밥을 먹는데 왜 그렇게까지 예민하게 생각하는지 의문스러웠습니다. 훌륭한 서비스를 받거나 가게 주인이 내 이름을 알고 불러 주는 것은 제 입장에서는 기쁜 일인데, 누군가에게는 그 가게에 가지 않게 될 정도로 싫은 일인 것입니다. 이 트위터를 읽은 아주 유능한 편집자분이 공감을 표하며 해 준 이야기도 굉장히 의외였습니다. 자주 가는 편의점에서 "늘 사던 걸로 드릴까요?"라는 질문을 들었을 뿐인데 그 이후로 다른 편의점을 다니게 되었다는 것입니다.

편의점 점원이 "늘 사던 걸로 드릴까요?"라고 물으면 저는 기분이 좋고, 가끔 기분이 평소와 다를 때는 "오늘은 아니에요"라고 말합니다. 또, 제가 음식점에서 바라는 것은 맛있는 밥, 점원의 친절한 응대, 합당한 가격 정도입니다.

이야기를 나누던 사람 중 하나가 이렇게 말했습니다.

"예전에 아주 훌륭한 서비스를 받은 적이 있는데 이번에는 대우가 다르면 뭔가 저한테 마음에 들지 않는 구석이 있어서가 아닐까 생각하게 돼요. 그럴 일은 없다는 걸 알면서도 그런 식으로 생각하는 제가 싫어져요."

그 말에 저는 이렇게 대답했습니다.

"서비스를 받을 때도 그저 작은 음식이 서비스로 나와서 좋다고 생각하면 되지 않을까요? 당신의 취향을 알아주어서 고마운 정도까지만 생각하는 연습을 해 보세요."

인간관계는 얕게 사귀는 사람과 깊게 사귀는 사람을 똑같이 심각하게 생각하지 않아도 좋습니다.

사람들은 다른 사람과 연결되길 간절히 원하면서도 '다른 사람과 실제로 관계를 맺기는 귀찮다', '친구는 있으면 좋지만 그 관계에 얽매이기는 더 귀찮다', '결혼은 하고 싶지만 그에 수반되는 제약은 귀찮다'고 말하곤 합니다.

하지만 본래 사람과 사람의 관계는 귀찮은 법입니다. 말 한마디를 더 건네야 하고, 웃는 얼굴로 대해야 하고, 관계가 지속될 수 있도록 어떠한 노력을 끊임없이 해야 하는 것입니다. 손님으로 온 나를 알아보고 친근하게 대해 주는 누군가가 불편한 것은 이러한 귀찮음이 내재해 있기 때문입니다. 그 '귀찮음'을 자연스럽게 극복하는 연습이 되어 있어야 누군가와 관계를 맺을 수 있는 것입니다.

내 기분에 따라
상처 주지 않는다

자신이 상처받는 것에는 유달리 민감한데 다른 사람에게는 아무렇지 않게 상처를 주는 사람이 있습니다. 어엿한 성인이 '내 기분이 안 좋다고 다른 사람에게 상처를 입혀서는 안 된다'는 것조차 모른다면 상대하지 말고 슬쩍 멀리해야 합니다. 왜냐하면 '나는 상처받았다'라는 편리한 말을 방패로 피해자의 얼굴을 한 가해자이기 때문입니다.

또한 '내 감정에 휘둘리는 것을 그만두는 것'은 매우 중요한 일입니다. 즐겁지 않아서 웃을 수 없는 것이 아니라 웃다 보면 즐거워지는 것입니다. 의욕이 없어서 하지 않는 것이 아니라

하다 보면 의욕이 생기는 것입니다. 사람을 사랑하다 보면 사랑받는 것입니다.

더욱이 내 감정뿐만 아니라 다른 사람의 감정에 휘둘리는 것에서도 벗어나야 합니다. '나의 부모나 선생님, 상사의 감정에 휘둘리지 않겠다'는 깨달음은 빠르면 빠를수록 좋습니다. 세상에는 그때그때의 감정에 따라 태도를 바꾸는 사람이 아주 많습니다. 그것은 내 책임이 아니고, 그로 인해 내가 휘둘릴 필요는 없다는 것을 깨달아야 합니다.

제 지인들은 주로 나이가 지긋한 편인데, 아직도 타인의 감정에 휘둘린다는 사람들이 많이 있습니다. 아마도 유년 시절의 체험이 살아오는 내내 영향을 미친 것이 아닐까 생각합니다. 예를 들어, 어릴 적에 부모님이 자주 큰소리를 내며 부부 싸움을 하거나 언제나 부모님에게 혼나며 자란 사람들은, 나이를 불문하고 큰소리를 내는 장면을 마주하면 지금도 마음이 어수선하고 불안해진다고들 합니다.

어린이뿐만 아니라 어른이라 해도 타인을 가장 순종적으로 만드는 것은 권력을 갖고 지배하는 측의 일관성 없는 행동입니다. 같은 행동을 하더라도 어떤 때는 칭찬받고 어떤 때는 혼이 납니다. 이것을 반복하면 훌륭한 노예가 완성되는 것입니다. 동서고금을 통틀어서 전형적으로 독재자가 사람들을 조종하는 방식입니다. 혹시 나 자신이 가까운 사람들에게, 특히 자녀 혹은 부하 직원에게 이렇게 행동하고 있지 않은지 점검해 보아야 합니다. 나로 인해 누군가가 늘 눈치를 보고 불안정한 상태가 되어 버렸다면 반드시 바로잡아야 할 일입니다. 성숙한 어른은 나와 관계를 맺는 다른 사람에게 일부러 트라우마를 주거나 하지 않습니다. 또한, 절대로 자신의 감정에 따라 다른 사람을 위협하거나 태도를 바꾸지 않습니다.

어떤 문제나 불쾌한 일이 생겼을 때 '내 탓일까', '남의 탓일까' 하는 양자택일이 아니라 '그 누구의 탓도 아니다'라는 세 번째 선택지를 만들어 보는 것도 요령입니다. 그 선택지를 남겨 두지 않으면 아무도 그런 결과를 바라지 않았음에도 불구하고 최악의 결과를 맞이하게 될 수 있습니다. 각자가 자신의 정의를 다했다고 생각하지만 원하지 않는 결과를 초래할 때도 많습니다. 그럴 때에는 이 세 번째 선택지를 떠올려야 합니다.

항상 그 누구의 탓도 아니라는 점을 늘 마음 한편에 새겨 두는 것입니다. 이것이 나뿐만 아니라 다른 사람에게도 상처 입히지 않는 요령입니다. 나에게 양보할 수 없는 사정이 있듯이 타인에게도 양보할 수 없는 사정이 있습니다. 오해와 이해로 성립하는 것

이 인간관계인데, 상대방의 이야기를 잘 들어 보면 '나의 정의'
와 '적으로서의 악'이 아니라 '나의 정의'와 '상대방의 정의'가
맞서는 경우도 종종 있습니다. 내 주장은 물론 중요하지만 상
대방의 이야기를 잘 듣는 것 역시 중요합니다. 모든 일에 대해
반드시 정답을 도출해야 할 필요는 없습니다. 그 누구의 탓도
아니라는 답도 존재하는 법입니다.

고민을 나눌 때 기억해야 하는 것

세상에는 두 부류의 사람이 있습니다. 남이 좋아하는 행동을 하는 사람과 남이 싫어하는 행동을 하는 사람. 다른 사람이 싫어하는 행동보다는 좋아하는 행동을 해야 나도 행복해질 수 있다는 점은 확실합니다. 그런데 남이 싫어하는 행동을 하면서 기쁨을 느끼는 사람이 있는 것도 분명합니다. 남이 싫어하는 행동을 하는 사람은 그것이 스스로에게도 나쁜 영향을 미친다는 점을 알고 있을까요? 그 사람의 마음은 점점 메말라 갈 것입니다. 저는 스스로를 위해서라도 다른 사람에게 행복감을 줄 수 있는 행동을 하려고 합니다.

타고난 성질이나 자라온 환경, 지금의 처지 등 이런저런 차이는 있겠지만 남이 싫어하는 행동을 하는 사람에게는 공통점이 있습니다. 그것은 지금 스스로가 불행하다는 점입니다. 지금 자신이 행복하다면 다른 사람을 함부로 하지 않고 다정한 태도로 대할 수 있습니다. 다른 사람이 나에게 불쾌한 행동을 하면 '아, 이 사람은 지금 아주 불행하구나' 하고 연민을 느끼면 됩니다. 그 정도의 반응으로 충분합니다. 다른 사람을 불쾌하게 하려는 열정을 어떻게든 다른 곳에 쏟아 주었으면 하는 마음입니다.

때때로 우리는 가까운 사람에게 속 이야기를 털어 놓으면서 의지하고 위로를 받습니다. 누군가가 당신에게 자신의 불행을 고백하거나 힘든 점을 토로했을 때 절대로 해서는 안 되는 것이 있습니다. 정론(正論)입니다. **사람이 약한 소리를 할 때 원하는 것은 공감입니다. 다시 말해서 '나는 당신의 편이에요' 같은 말입니다. 정론은 상대의 마음에 체력이 붙었을 때 전하면 됩니다.** 그런 사람들은 정론을 거듭 이해한 후에 어쩔 수 없이 도움을 구하고 있는 것이기 때문에 그 사람에게 다가가서 함께 고민해 주는 것이야말로 필요한 일이라고 생각합니다.

당신에게 나약한 소리를 한다는 것은 당신이 약점을 공격하는 사람이 아니라고 믿고 있다는 증거이기도 합니다. 애초에 자신의 괴로움은 다른 사람과 비교할 수 있는 것이 아닙니다. 종종 고민 상담을 했는데 "너보다 힘든 사람은 훨씬 많아"라는 말을 듣고, 결과적으로 내가 느끼는 괴로움이 '보잘것없는 괴로움'으로 치부되는 고통을 경험합니다. 다른 사람의 입장에서는 엄살을 부리는 것처럼 보여도 내 입장에서는 한계점에 거의 임박한 경우인 것입니다. 사람은 '나약한 소리'를 해도 좋습니다. 오히려 해야만 합니다. 그러나 상대는 잘 골라야 합니다.

똑같은 어둠을 보게 될 것 같은 상대 혹은 나약한 소리를 하지 말라고 질책하는 상대는 절대 골라선 안 됩니다. 내가 괴로울 때 더 괴로워하는 상대에게 약한 소리를 해서는 안 됩니다. 상대를 봐 가면서 해야 한다는 것은 매우 중요합니다. 그리고 아무리 남에게 의지하려고 해도 결국 이겨내야 하는 것은 스스로입니다.

다정하게 말하는 사람에게는
좋은 인생을 만드는 힘이 있다

인터넷 게시판에 글을 남기는 사람들을 보면 크게 두 가지 특징이 있습니다. 첫째는 자신의 현재 상태에 대한 불만으로 가득하다는 점입니다. '국가가 잘못했다', '상사가 나쁘다' 등 무엇이 됐건 다른 사람을 탓합니다. 그리고 또 다른 특징은 스스로를 원망하고 자신감을 갖지 못한다는 점입니다. 다시 말해, 다른 사람을 지나치게 공격하거나 자신을 심하게 비하합니다. 타인에게 가혹하거나 자신에게 가혹하거나 하는 양극화된 모습을 보입니다.

인간은 문제로 삼을 가치도 없는 사소한 감정이나 별 볼 일

없는 감정, 반항심이나 반발심 등 다른 사람 앞에서 입에 내지 않는 감정이 마음속에 아주 많습니다. 이처럼 인간은 매일 수많은 감정과 마주하며 살아갑니다. 그래서 다른 사람 앞에서 무엇을 말하고 어떤 태도를 취하는지가 곧 그 사람의 성숙도라고 할 수 있습니다.

자신이 하는 말이 평가 대상이 되는 것은 어쩔 수 없는 일입니다. 어떤 사람의 내면을 가장 잘 보여주는 것이 그 사람이 사용하는 말이기 때문입니다. 인간은 말로서 사고합니다. 정신적으로 나약한 사람에게 '정신 질환이 있다'고 하거나, 일선에서 물러난 사람에게 '한물갔다'고 하거나, 자신보다 어린 사람에게는 '초짜'라고 하는 등 부정적인 표현이 머릿속에 먼저 떠오른다면, 당신의 내면도 비슷한 상태인 것입니다.

노화하는 것은 나 자신입니다. 저는 지금 아흔 셋의 친척을 간호하고 있습니다. 아내가 함께 애써 주고 있지만 간호 자체가 그렇게 힘들다고 느낀 적은 없습니다. 다행히 친척은 치매에는 걸리지 않았고, 매번 '고마워', '미안해', '맛있네' 하고 감사하는 마음을 표현해 주기 때문입니다. 나이가 많아서 하는 실수는 많지만 원래 마음이 따뜻한 사람이라 오히려 제가 위로

받을 때가 많습니다.

사실 그녀가 결코 평탄한 인생을 걸어온 사람은 아닙니다. 반려자는 외도를 반복하고, 외아들은 자살을 택하고, 의붓딸은 소송까지 제기해 금전을 요구하는 등 다양한 곤란을 겪어왔습니다. 하지만 그녀는 그 역경에 굴복하지 않고 늘 사람들에게 다정한 말을 해 주었습니다. 그래서 제가 그녀의 마지막을 책임지기로 결심한 것입니다.

인간은 단순해서 나에게 험한 말을 하는 사람을 돌보겠다고 선뜻 말하지 못합니다. **다정하게 말하는 사람에게는 좋은 인생을 만드는 힘이 있습니다. 평소 사용하는 말이 인생을 바꾼다고 해도 과언이 아닙니다. 말을 고르는 힘은 곧 사람이 지닌 힘입니다.**

2장

일한다는 것에 대하여

일을 고른다는 것은
인생을 고른다는 것

종종 '고르지 않으면 할 수 있는 일은 얼마든지 있다'는 식의 이야기를 하는 사람들이 있는데 그것은 잘못된 사고방식입니다. 더 좋은 일을 택할 권리는 누구에게나 있습니다. 죽을 때까지 하고 싶지도 않은 일을 하며 몸과 마음도 갉아먹으라고 말하는 것과 다를 바가 없지 않나요?

좋아서 시작한 일조차도 하다 보면 힘들 때가 있습니다. 그일을 포기해야만 할 때마저 생깁니다.

자기가 선택한 일을 하면서조차 견뎌야 할 게 한두 가지가 아닌데, 싫어하는 일을 열심히 할 수 있는 사람은 아무도 없을 것입니다. 일 때문에 느끼는 불만은 인생의 불만이라고 해도 좋을 것입니다. 불만이라는 것은 외면하고 등을 돌리고 도망치면 눈덩이처럼 점점 불어나 나를 쫓아오지만 정면에서 맞서 싸우면 작아집니다. 따라서 나의 불만을 직시해서 싸워야 합니다. 일로 인한 불만은 내가 바라는 대로 자연스럽게 눈앞에서 사라져 주거나 하지 않습니다. 싫어하는 일을 하지 않기 위해서라도 일을 고르는 것을 포기해서는 안 됩니다.

제가 아는 사람 중에 이른바 블랙 기업에서 일하다가 몸과 마음이 만신창이가 되어 그만둔 사람이 있는데, 그는 이직 후에 성공했습니다. 여기에서 통용되지 않는다고 해서 다른 어느 곳에 가도 소용없다는 잘못된 편견은 나의 자신감과 내가 설 자리를 잃게 할 뿐입니다. 전 직장에서는 실패했지만 다른 직장에서는 성공했다는 이야기를 아주 많이 접합니다. 좋아하는 일을 찾기 위해서는 일을 바꾸거나 나를 바꾸는 방법 두 가지밖에 없습니다.

저는 대학 졸업 후 역사소설가 야마테키 이치로 선생에게 가르침을 받고 소설가가 되고자 했지만 단념했습니다. 그 후 변호사를 꿈꿨지만 사법 시험에 세 번 낙방했습니다. 참으로 다양한 직업을 전전했습니다. 농림수산부에서도 일했고, 마작가게 점원으로 일하다가 내기 마작으로 생계를 유지하기도 했으며, 외국 항로에서 선원으로 일했다가 골프장에서도 근무하는 등 다양한 일을 경험했습니다. 그리고 30대에 접어들어서야 만화가에 정착했습니다. 그래서 20대나 30대분들 중에 '내 가능성은 끝났다' 같은 말을 하는 사람을 보면 놀라게 됩니다.

사람은 자학의 달달함에 익숙해져 버리면 정말로 끝이 나버립니다. 자신의 인생의 가능성을 포기한다는 것은, '인생은 이런 것'이라며 세상을 다 산 듯 체념하고 앞으로 나아가는 것에서 도망치는 것에 불과합니다.

지금 내가 있는 곳이 나의 실력

일은 시간과 양과 질의 전쟁입니다. 이 중에서 시간을 가장 절약하는 방법은 서두르는 것이 아니라 확실하게 하는 것입니다.

"느긋하게 서둘러라."

작가 가이코 다케시의 말입니다. 시간에 쫓겨 일이 정신없게 흘러갈 것 같을 때는 이 말을 떠올립니다. 그리고 서두르다 보면 무엇보다도 다른 사람과 싸우게 됩니다. 신뢰나 경의를 품은 호적수와 더 좋은 결과를 위해 싸우는 것이 아니라 단순히 적을 만드는 것에 그친다면 불필요한 시간 낭비일 뿐입니다. 일을 할 때는 분명 경쟁이 필요합니다. 하지만 라이벌로서 적합한 상대와의 경쟁이 아니라면 좋은 일이라고 할 수 없습니다. '너도 열심히 해, 하지만 나도 지지 않을 거야'와 같은 긍정적인 싸움은 일의 실력을 높여 줍니다.

일을 하면서 내 실력이나 노력에 합당한 대우를 받지 못한다고 생각해 불만을 느끼는 사람이 많을 것입니다. 하지만 '지금 내가 있는 곳이 내 실력'인 것입니다. 종종 아무 생각 없이 작은 노력조차 하지 않는 사람이, 지혜를 쥐어짜며 열심히 일하는 사람과 똑같은 대우를 받고 싶다고 주장할 때가 있습니다. 그것은 정말 얼토당토않은 이야기입니다. 지금 내가 받는 대우가 형편없다고 생각하면 불만을 품을 것이 아니라 발전의 계기로 삼으면 됩니다.

돈을 번다는 것은 자유를 손에 넣는다는 것입니다. 돈을 위해 일에 얽매인다고 생각하는 것이 아니라 자유를 손에 넣기 위해 일한다고 생각하면 일로 인한 스트레스가 줄어듭니다. 돈을 번다는 것은 인생의 선택지를 늘릴 수 있다는 뜻이기도 합니다. 그것은 성숙한 어른이 되기 위한 첫걸음입니다. 일한다는 것은 어른의 특권이니까요.

진심이 비로소 실력이 된다

일을 잘하고 싶은 게 아니라 일을 잘하는 것처럼 보이고 싶어 하는 사람들이 의외로 많습니다. 실제로 행복한 것보다 다른 사람이 보기에 행복해 보이기를 바라는 사람들과 마찬가지입니다. 그러나 다른 사람을 속일 수 있을지는 몰라도 자기 자신은 속이지 못합니다. 명백한 거짓임을 모른 척하고 자기 안에서 무리하게 진실이라고 설정해도, 실제 현실이 달라지는 것은 아니기 때문입니다. 실력은 금방 들통나 버립니다. 그 사실을 숨기기 위해 아무리 일 잘하는 척을 한다고 해도 말이죠.

이때 가장 좋은 해결책은 실제로 일 그 자체를 열심히 하기 위해 기어를 바꿔 보는 것입니다. 정답은 아주 간단합니다. 일의 본질에서 벗어난 영광을 버리면 더 빨리 목적을 이룰 수 있습니다. 분명 본인도 알고 있을 것입니다. 허가 아니라 실을 얻는 것의 중요성을 말이죠. 내가 가진 실력 이상을 망상으로 보충해도 자기 자신을 성장시키는 데는 조금도 도움이 되지 않습니다. 오히려 스스로를 깎아내리는 행동입니다.

자신의 거짓말을 자각하는 것 그리고 그 거짓말은 유효기간이 짧다는 것을 자각한다면, 노력의 방향을 가짜가 아닌 진짜로 바꿀 수 있습니다. 그것이 일을 실제로 잘 해내는 사람이 되는 비결입니다. 그리고 갑자기 혼자서 영웅처럼 일을 잘할 수 있게 되는 것도 아닙니다. **무엇이든 혼자 끌어안고 끙끙대다 결국 일을 그르치는 것보다는 다른 사람에게 부탁할 줄 아는 스킬을 기르는 것이 중요한 역량이기도 합니다.**

수단이 아니라 자존심만으로는 높은 곳을 향해 갈 수 없습니다. '대단한 사람으로 보이고 싶다'며 쓸데없는 노력을 하기보다는 '이런 사람이 되고 싶다'는 마음으로 노력하는 편이 더 의미 있는 인생입니다.

일 잘하는 사람은
다른 사람을 존중한다

일 잘하는 사람들을 살펴보면 하나의 공통점이 있습니다. 일 잘하는 사람은 겸손한 태도로 다른 사람을 존중합니다. 다른 사람의 이야기를 귀담아듣고, 일에서도 신중하게 반영합니다. 제가 오랫동안 일하며 뼈저리게 느낀 점은, 다른 사람의 이야기를 대충 듣는 사람이 기대를 뛰어넘는 일을 하는 법은 없다는 점입니다.

또, 상대방이 바라는 일을 잘 해내는 것은 물론 대단하지만, 그 정도에 머물면 라이벌에게 지고 맙니다. 일이란 상대방의 기대치를 뛰어넘었을 때 비로소 감동을 낳는 법입니다. 그래야 계속해서 또 다른 일을 맡을 수 있습니다.

일의 목적을 달성하는 사람은 '객관적'이고 '낙천적'이라는 특징
이 있습니다. 자기 자신의 능력을 높게 혹은 낮게 평가하지도 않고
그저 객관적으로 자기 자신을 직시합니다. 그래서 낙관적일 수 있
는 것입니다. 비관적인 사람이 일의 목적을 달성하는 승부에서
이길 수 있을까요? 비관적인 태도로 일하는 사람은 이미 그 이
유만으로도 일에 대한 사기가 꺾입니다. 그럼 처음부터 지는
게임입니다.

그러나 아무런 근거도 없이 '괜찮아'를 연발하는 사람에게
도 주의가 필요합니다. 기술이나 능력이 뒤떨어지는데도 괜
찮다고 말하는 사람과 일을 같이 한다는 것은 브레이크가 고
장난 자동차에 동승하는 것과 다를 바가 없습니다. 언뜻 의지
가 되는 듯하면서 '괜찮다'는 말에 기대고 싶어질 테지만 완전
히 몸을 맡기고 편안함을 느껴서는 안 됩니다.

'괜찮아', '괜찮아'라고 무책임하게 말하는 사람과 이 사람이
라면 괜찮다고 생각되는 사람은 전혀 다릅니다. 그리고 책임
자든, 윗사람이든, 내가 믿는 사람이든 일처리에 대해서 '괜찮
다'고 말했다 해도 위화감이 느껴질 때는 반드시 다시 확인해
야 합니다. 제 경험상 꽤 높은 확률로 그 직감은 옳습니다. 내

가 먼저 철저히 확인했을 때 아무 문제가 없다면 그 상태로 좋습니다. 하지만 '그 사람이 괜찮다고 했으니까' 하며 그냥 넘어가면 안 됩니다. 내가 맡은 일에 대해서는 끝까지 책임감을 발휘해야 합니다.

내 기술을 흔쾌히 아랫사람에게 물려주기

자신이 10년 걸려 얻은 기술을 후배에게 알려 주는 데 저항을 느낀다는 고민을 상담해 준 적이 여러 번 있습니다. 그러나 이렇게 생각해 봅시다. 내가 10년 걸렸으니 후배도 10년을 투자해서 기술을 익혀야 한다고 생각하면 그 일에 발전이 있을까요?

내가 10년 걸려서 알아낸 것들을 후배에게 1년 만에 알려 준다면, 후배는 남은 9년 동안 새로운 일에 도전할 수 있습니다. 결코 내 손해가 아닙니다. 그들이 9년간 얻은 새로운 아이디어를 새로운 세대인 그들에게 배우면 되는 것입니다. 그들이 당신에게 배웠듯이 말입니다. 그렇게 일의 선순환이 생겨납니다. 지금까지 자신이 쌓은 경험과 새로운 세대에게 배운 것을 발판 삼아 앞으로 나가는 것입니다. 진보란 그런 것입니다. 축적한 지식이나 경험은 다른 사람에게 아낌없이 나눠 주어야 다시 나의 진보로 이어집니다.

과학은 늘 세대교체를 반복하면서 진보해 왔습니다. 다른 분야들도 마찬가지입니다. 기존의 노하우를 전수하고 새로운 아이디어를 접목시켜서 발전을 이뤘습니다. 그래서 인색한 사고방식으로 남에게 기술을 전수하기를 거부하고 혼자서만 끌어안는 것은 타인의 진보뿐만 아니라 자기 자신의 성장까지 저해하는 행동입니다. 다른 사람의 발전을 달가워하지 않는 부정적인 감정이 나를 성장시켜 주는 경우는 없습니다.

'내가 한 고생을 하지 않아도 되는 사람에게 불만 느끼기', '내가 양보해서 다른 사람이 유리한 상황이 되게 하고 싶지 않다'는 교활한 인간의 특질이 최근 횡행하기 시작한 듯합니다. 그러나 다른 사람에게 준 것이 결국 나에게 남는 법입니다. 상사든, 부모든, 친구든 조언을 하는 사람은 많지만 그 조언이 나의 생각을 제한한다면 들을 필요는 없습니다. 나의 생각을 넓혀 주는 조언일 때에만 귀를 기울이면 됩니다.

저도 선배에게 많은 것을 배우고 빼앗아 왔습니다. 자신이 고생이나 힘든 일을 몸소 경험했다고 해서 그것을 타인에게 강요하는 것은 성숙한 어른의 태도가 아닙니다. 일을 잘 못하는 사람이 있으면 가르쳐 주고 내가 잘 못한다면 배우는 것, 간단한 일입니다. 흔쾌히 기술을 전수해 준 선배들이 그 후에 잘 안 풀리던가요? 다른 사람을 도와야 자신의 일에서도 발전을 이룰 수 있다는 점을 이해하고 진화하고 있지 않던가요?

나만의 비밀이나 노하우를 머릿속에 정리해 두려는 습관은 없애야만 합니다. 일에 관해서 인색해지면 절대 안 됩니다. 가르쳐 주는 것이 가장 좋은 공부가 됩니다.

때로는 전략으로 이긴다

저는 종종 바에서 술을 마십니다. 자연스럽게 바텐더들과도 친해져 친구라고 부를 수 있는 사람들도 생겼습니다. 바의 개성이나 바텐더의 개성도 참 다양한데, 극단적으로 두 부류의 바텐더가 있습니다.

첫 번째 부류는 바텐더로서의 기술이 뛰어나고 칵테일부터 위스키의 선정도 완벽하며 가능한 한 좋은 술을 제공하려고 노력합니다. 맛있는 칵테일을 만들기 위해 원가는 비싸지만 맛 좋은 과일을 준비하고, 위스키나 다른 품질이 좋은 술도 열심히 사들입니다. 한편, 또 다른 바텐더는 칵테일은 만들지 않습니다. 그런 기술을 배우지도 않고 과일처럼 유통기한이 짧은 신선 식품을 사들이는 리스크와 그것을 준비하는 데 드는 수고를 짊어지고 싶지 않아서 민트만 있으면 아마추어도 만들 수 있는 모히토를 만듭니다. 구비해 둔 술도 그저 그런 것들이고 맛이 없지는 않으나 어디서든 마실 수 있는 술이 대부분입니다.

어떻게 생각해도 전자의 바에 손님이 많이 몰려서 장사가 잘 될 것 같죠. 그러나 실제로는 반대입니다. 맛있는 술을 제공하려고 애쓰고 노력하는 바텐더가 고전합니다. 그는 바텐더라는 직업을 천직이라고 생각해서 바텐더로서 성공하기 위해 2호점을 내거나, 자신만의 비법으로 제조한 칵테일을 알리고자 해외의 바에서 직접 일해 보기도 했지만 현실은 엄격했습니다. 2호점은 폐점했고 해외의 바에서는 수개월 만에 해고 당하는 등 번번이 일이 잘 풀리지 않았습니다. 그가 노력하면 할수록 원래 운영했던 1호점이 발목을 붙잡았습니다. 제삼자가 보면 갈피를 못 잡는 듯 보였습니다.

반대로 후자의 바텐더는 자신은 그럴 만한 그릇이 아니라고 생각해 2호점을 열 생각은 추호도 없었고, 지금 운영 중인 1호점에 집중해서 수익을 늘렸으며, 술이 목적이라기보다는 그곳에 모이는 손님의 질을 높여 '그 가게에 가면 부자나 매력적인 이성을 만날 수 있다'는 이미지를 전면에 내세워 성공했습니다. 물론 바텐더로서는 전자가 동료들 사이에서는 존경받고 후자는 바텐더라는 이름조차 사용하지 않았으면 좋겠다는 말을 들을 정도지만 장사에 대해서만 생각하면 명백하게 실력이 없는 후자의 바텐더가 성공한 셈입니다.

일에서만큼은 노력하는 쪽이 반드시 이긴다고 할 수 없습니다. 방식에 따라서는 더 약삭빠르게 행동하는 것이 이기는 것입니다. 어떤 방식을 택할지는 그 사람의 개성에 달려 있습니다. 가급적이면 바텐더로서의 능력이 뛰어나고 나아가 장사도 잘하는 것이 가장 이상적입니다. 하지만 반드시 그렇게 되지는 않는 것이 또 일의 불가사의한 면입니다. **자신의 개성을 살릴 수 있는 일을 택해야 성공을 거머쥘 수 있습니다. 일의 개성과 자신의 개성이 정확히 일치했을 때 일로서는 가장 성공에 가까워집니다.**

자신을 몰아붙이지 않는다

자신의 페이스에 맞게 일을 했을 때 가장 좋은 성과를 얻을 수 있습니다. 매일이 바쁘지만 나의 페이스로 사는 것은 매우 중요합니다. 협업하는 상대의 시간에도 맞춰야 하겠지만 기본적으로는 '나의 페이스'에 맞춰 나가는 것이 좋습니다. 나만의 페이스는 일의 질뿐만 아니라 인생의 질도 향상시킵니다.

무라카미 하루키는 그의 회고록『달리기를 말할 때 내가 하고 싶은 이야기』에서 "내가 흥미를 느끼는 영역을 내게 맞는 페이스로, 내가 좋아하는 방법으로 추구하면 지식이나 기술을 굉장히 효율적으로 익힐 수 있다는 것을 깨달았다"고 말했습니다. 그 대목을 읽고 크게 공감했던 기억이 있습니다.

저는 4, 50대 때 엄청난 양의 연재를 맡았습니다. 그 일을 해낼 수 있었던 것은 저의 페이스를 지키려고 노력했기 때문입니다. 저의 페이스란 '너무 느긋하지도 너무 서두르지도 않는 정도'입니다.

일을 하다 보면 매 순간 페이스를 일정하게 유지하기는 힘듭니다. 축 늘어지거나 일이 복잡해지기 때문에 그 점을 염두에 두면서 대량의 일을 처리해 왔습니다. 그리고 또 하나, 저는 '일은 내 인생에서 매우 중요한 요소지만 그것이 전부는 아니다'라는 신념을 갖고 있습니다.

일에서 성공한다는 것은 좋은 결과를 얻었다는 것입니다. 아웃풋을 이끌어내기 위해서는 그보다 수백, 수천 배나 되는 인풋이 필요한 셈입니다. 막상 아웃풋을 낼 때 급하게 인풋을 시작해도 늦습니다. 일에 쫓기기만 하고 일과 생활의 구분이 희미해지면 인풋은 마음대로 안 됩니다. 일의 아이디어는 일을 하지 않을 때 샘솟는다는 것을 경험한 적 없으신가요? 일에 미쳐서는 안 됩니다. **분명 일은 인생에서 중요한 요소이지만 거기에 압도되어서는 안 됩니다. 일이 인생의 일부로 자리하면서 잘 풀려야, 인생의 다른 부분도 함께 질을 끌어올릴 수 있습니다.**

또한, 자신만의 페이스를 유지하기 위해 중요하게 여겨야 할 부분이 있습니다. 그것은 바로 자신이 가장 잘했을 때의 능력을 자신의 실력이라고 인식해서는 안 된다는 것입니다. 능력의 평균치를 나의 능력이라고 인식해야 합니다. 실력 이상으로 잘했을 때 이것이 내 능력이라고 인정하면 일상에서 좌절하게 됩니다. '그때 그만큼 해냈으니까' 하며 일의 양과 질을 설정하고 일하다 보면 '오늘도 그때에 비해서 잘 안 됐다'는 상실감이 남습니다.

만화를 예로 들어 보자면, 실력과 컨디션이 가장 좋았을 때만 생각하고 그만한 퀄리티의 작품을 그릴 수 있을 거라는 자신감 때문에 무리를 하고 마감을 지키지 못할 수도 있습니다. 젊고 재능이 있는 사람은 때로는 그렇게 자신을 몰아붙인 덕분에 굉장히 훌륭한 작품을 그려내기도 합니다. 그러나 그 성공 경험이 그 후 수십 년 혹은 그 이후로도 쭉 나를 괴롭히게 됩니다.

재능이 있지만 몰락한 만화가를 저는 아주 많이 보아 왔습니다. 그들은 재능과 실력을 구분하지 못했습니다. 재능만 있으면 어떻게든 될 거라고 쉽게 생각했기 때문입니다. 성공 경험이 나를 드높여 줄 것인지, 아니면 괴로움을 줄 것인지 판단하기 위해서는 재능과 실력이 늘 일치하지 않는다는 점을 확실하게 알고 있어야 합니다. '그때 나는 그 정도의 일을 할 수 있었다'는 자신감과 '그때 내가 해냈던 것을 더 이상 하지 못하게 된다'는 지각. 성숙한 어른의 일이란 이 이율배반을 받아들이는 것입니다.

매일의 경험이 결국 나를 일으킨다

일은 매일매일 경험의 연속입니다. 경험치가 쌓일수록 질도 함께 발전해야 합니다. 지금 3년 전과 같은 수준의 일밖에 하지 못한다면 3년 후에도 같은 수준의 일밖에 하지 못할 것입니다. 지금까지와 똑같은 생각이나 행동을 반복하면 절대 성장할 수 없습니다. 돌파구를 찾아야 하는 순간이 반드시 옵니다.

어제 TV에서 런던의 일류 호텔 청소부로 일하기 시작해 톱도어맨 자리에 오른 남성의 이야기를 다룬 다큐멘터리를 보았습니다. 그의 이야기에서 얻을 수 있는 깨달음은, 일을 할 때

단순한 체험의 축적으로 끝내지 않고 질로 바꿔서 한층 더 발전하는 것의 중요성입니다. 평범한 일을 계속해서 완벽하게 해낸 경험이 쌓여 일에 대한 실력이 된 것입니다. 그렇게 하면 그 어떤 누구라도 인정할 만한 전문가가 되는 것입니다.

평범한 일은 평범하다는 이유로 뒷전으로 밀릴 때가 종종 있습니다. 그러나 끝까지 파고들어야 하는 것은 일단 그 평범한 일입니다. 체험은 누구나 할 수 있습니다. 체험을 거듭하면 경험치가 쌓입니다. 그 경험치의 양을 질로 바꿀 수 없다면 계속하던 일만 하며 그 자리에 머무를 것입니다. 물론 자신이 하는 일을 계속해 나가는 것도 훌륭한 일입니다. 하지만 그렇게 쌓은 경험을 통해 더 많은 것을 이룰 수 있다는 것 또한 알아야 합니다. 더욱이 방향이 잘못되면 아무리 노력해도 경험의 양을 질로 바꾸지 못합니다. 경험의 양은 질로, 질은 행동으로 변화해가는 것입니다.

누구나 이것이 중요하다는 사실을 알지만 실제로 그에 대한 존중은 부족한 것이 현실입니다. 평범한 일을 하면서 경험치를 쌓아가는 과정을 등한시하고 기다려 주지 않는 경우가 많습니다. 어떤 일이라도 질적인 발전을 이루기 위해서는 경험치를 쌓는 준비 과정이 필요한 법입니다.

"연습이 일이고 경기는 수금이다."

톱 경륜 선수의 말입니다. 이것은 다양한 직업의 본질을 찌르는 말입니다. "연습은 진심으로, 실제 경기는 놀이처럼"이라고 말한 야구선수도 있습니다. 시합 전에 승패는 이미 결정되어 있는 것입니다. 좋은 결과를 내려면 오랜 시간에 걸쳐 준비하는 것이 당연하지만, 지금 시대는 무엇이든 결과를 지나치게 재촉하는 것처럼 느껴집니다. 즉시 결과를 내지 못하면 무능한 사람으로 취급하는 회사는 결국 점차 쇠할 것입니다.

노벨상 수상자들이 공통적으로 하는 말은 기초 연구의 중요성에 대한 것입니다. 노벨상이야말로 과거에 차곡차곡 저금한 것을 수금하는 것이지요. 노벨생리의학상 수상자인 오스미 요시노리 도쿄공업대학교 명예교수는 이렇게 말했습니다.

"저는 '도움이 된다'는 말이 사회를 망치고 있다고 생각합니다. 수년 후에 사업화할 수 있다는 말과 동의어처럼 쓰이고 있다는 데 문제가 있습니다. 진정으로 도움이 되는 시점은 10년 후가 될지 100년 후가 될지 아무도 모릅니다. 장래를 직시하고 과학을 하나의 문화로서 인정해 주는 사회가 되기를 간절히 염원하고 있습니다."

일을 할 때 100퍼센트 완벽하게 준비할 순 없습니다. 때로는 준비가 부족해서 다시 제대로 된 준비를 요구받을 때도 있을 것입니다. 그 건에 관해서는 준비가 부족했을지 모르지만 전체적으로 봤을 때는 지금까지 쌓아 온 기술이 부족했던 준비를 보충해 줄 것입니다. 여기서 말하는 기술이란, 성공으로 이어지지 않아서 마음이 무너지거나 고통스러울 때, 즉 슬럼프에 빠졌을 때에도 어느 일정 수준 이상을 유지할 수 있는 기반을 말합니다.

슬럼프는 내가 그간 준비하고 매진하여 쌓아 온 경험치로, 그 힘으로 극복해야 합니다. 그러다 보면 어느 순간 질적인 발전의 궤도에 오르게 됩니다. 그때까지 견디는 기술을 익히는 것이 바로 프로페셔널한 자세인 것입니다.

마음을 부활시키는 특효약

슬럼프에 빠졌을 때 기억해야 할 키워드는 '사람'과 '기술'입니다. 우선 마음을 부활시켜야만 합니다. 마음을 부활시키는 특효약은 '사람'을 만나러 가는 것입니다. 재미있는 사람, 자극을 주는 사람, 도발해 주는 사람, 아무튼 사람을 만나야 합니다. 혼자서 끌어안고 틀어박혀 버리는 내성적인 태도는 슬럼프에 빠졌을 때 가장 좋지 않은 대처 방법입니다. 슬럼프에 빠졌을 때에는 노력의 방향성에 대해서 다시 짚어 보아야 합니다. 노력은 많이 한다고 해서 꼭 좋은 것이 아닙니다. 방식에 따라서는 오히려 더 깊은 슬럼프의 늪에 빠질 수 있습니다.

과거에 야구선수 다르빗슈 유가 트위터에서 이런 말을 한 적이 있습니다.

"연습은 거짓말을 하지 않는다는 말이 있는데, 머리를 쓰면서 연습하지 않으면 틀린 말이 되어 버려요."

이 말을 듣고 절로 고개가 끄덕여졌습니다. 머리를 쓰지 않고 무턱대고 하는 노력은 대개 헛수고로 끝납니다. 이것은 어느 분야에서든 통용되는 원리입니다. 그리고 슬럼프에 빠져 있을 때는 새로운 일에 도전할 수 없는 상태이기 때문에 지금까지 길러 온 '기술'이 필요해집니다.

공부에 비유하자면 기술은 '문법'이나 '공식'에 해당합니다. 주입식 교육의 옳고 그름을 논할 때가 있는데, 우선은 기초 지식을 강제로 주입해서 사고의 가람(승려가 살면서 불도를 닦는 곳—옮긴이)을 구축하기 위한 토대와 지주를 마련해야 합니다. 주입식 교육으로 먼저 방법을 알려 주고 탄탄하게 기반을 쌓지 않으면 결국 무너질 수밖에 없는 것입니다.

슬럼프는 타인으로부터 자극을 받거나 지금까지 쌓아 온 경험이라는 기술로 극복할 수밖에 없습니다. 슬럼프는 언제 시작될 지 아무도 예상하지 못합니다. 그렇기 때문에 대처법을 미리 마련해 두는 것이 중요합니다.

인생이 꽉 막혀서 괴로울 때 '나를 바꿔야겠다'며 억지 동기부여에 빠지는 것은 그만두어야만 합니다. 인생이 꽉 막혔을 때 의욕 같은 것은 생기지 않습니다. '어떻게 하지? 다른 일을 구해 보자, 이사를 가자, 평소 어울리는 사람들을 바꿔 보자'처럼 주변 환경을 바꾸기만 하는, 감정을 배제한 기계적인 처사를 택하기 쉽습니다.

물론 환경이 바뀌면 다양한 사람들을 만나 그것을 통해 나쁜 환경에서 벗어날 돌파구를 마련할 수도 있습니다. 하지만 사람이 지닌 감정의 복잡성을 고려하지 않고 기계적으로 일을 진행하면, 나중에 해소하지 못한 감정이 쫓아옵니다. 흔들리는 땅 위에는 무엇을 쌓아도 무너집니다. 다시 슬럼프를 겪기 쉽다는 말입니다.

따라서 자신의 마음부터 돌봐야 합니다. 무작정 만나는 사람들을 바꾸기보다는, 지금 자신에게 필요한 사람들을 만나야 합니다. 지금까지 자신이 쌓아 온 기술을 되짚어 봐야 합니다. 그렇게 자신을 되찾고 회복한다면, 그동안 인생이 꽉 막혀서 고민에 빠졌던 과거의 자신을 웃으면서 추억할 수 있을 만큼 강해져 있을 것입니다.

나의 스승이 목표로 했던
그 너머를 지향한다

    저는 만화가로 활동하는 동시에 40년 이상 만화를 가르치는 일을 해 왔습니다. 일을 막 시작했을 때에는 동업자에게 이런저런 말을 많이 들었습니다.

    "자네의 라이벌을 늘려서 어쩌려고 그래", "모두가 성공하는 건 아니니까 이름을 날리지 못한 친구들에게 원한을 살 거야"처럼 이런저런 말을 많이 들었는데, 우려와는 달리 학생들은 제게 굉장히 좋은 영향을 주었습니다. 분명 동업자의 충고대로 라이벌도 늘었습니다. 원한도 샀겠죠. 그런데 그래서 대체 어떻다는 말인가요? 저는 제자가 멋지게 활약하는 모습을 보고 '나도 계속해서 열심히 그려야겠다' 하며 지금도 자극을 받고 있습니다. 가르치는 일이 가장 큰 공부가 된 셈입니다.

어제 한 제자가 설립한 게임회사에 가 보니 아주 크고 멋진 건물이었고, 전 세계적으로 사원이 5천 명에 달한다고 했습니다. 또 어떤 제자는 제가 설립한 학교에 들어왔을 때부터 아주 뛰어난 재능을 보였는데, 40년이 흐른 지금도 현역으로 꾸준히 활약하고 있고 전 세계적으로 2억 권의 책이 팔렸다고 합니다. 멋지게 성공한 그들의 공통점은, 가르침에 대해서 자신이 원하는 목적지에 도달하기 위해서라면 반드시 거쳐야 하는 과정이라고 생각한다는 점입니다.

이것은 결코 모욕이 아닙니다. 오히려 스승은 그런 형태로 존재해야만 합니다. 극작가 조지 버나드 쇼의 말을 빌리자면 스승은 길을 알려 주는 동행자에 불과합니다. 스승을 뛰어넘는 것이 제자에게 주어진 가장 큰 과제입니다. 자신이 존경하고 영감을 주는 사람이 있다면, 그가 무엇을 목표로 하고, 무엇에 영향을 받고, 무엇을 보고 있는지를 알아야 합니다. 그리고 그 너머를 지향하는 것입니다.

돈을 버는 일은 인생의 선택지를 늘린다

'경제적 자립'은 '정신적 자립'의 첫걸음입니다. 아이는 부모의 도움을 받아 성장하고, 어른은 스스로 돈을 벌어서 성장합니다. 일을 해서 돈을 번다는 것은 어른의 특권입니다. 돈을 벌면 살아가는 방식의 선택지가 늘어납니다. 예를 들어, 의사의 자격을 취득한 사람은 의사가 되어 돈을 벌 자유도, 의사가 되지 않을 자유도 손에 넣습니다.

제 지인 중에 어떻게든 뮤지션이 되고 싶었지만 부모의 반대에 부딪혔던 친구가 있습니다. 그 친구는 '의사 면허를 따면 네가 하고 싶은 대로 해도 좋다'는 부모의 말에 실제로 의사

면허를 취득했고, 의사 대신 프로 뮤지션이 되어 색소폰을 연주하고 있습니다. 돈을 벌기 위해 일에 얽매여 있다고 생각하는 것은 당연하지만 다른 한편으로는 돈을 번다는 것을 자유를 손에 넣는 것이라고 생각하면 일에 대한 사고방식이 달라집니다.

대저택에 살든 원룸에 살든 마음이 풍족하면 어느 쪽이든 상관없습니다. 하지만 그 선택지는 수입에 따라 늘어납니다. 돈 이야기에 너무 집착하면 보기 흉하지만 돈을 벌기 위해 노력하지 않는 사람은 더 보기 좋지 않습니다. 특히 소중한 사람을 지키기 위해서는 돈을 벌 필요가 있습니다.

돈을 벌어서 자유를 손에 넣고 인생의 선택지를 늘리는 것은 성숙한 어른의 특권인데, 그 수단을 쟁취하기 위해서는 가능한 한 이른 단계에 이 점을 깨달아야 합니다. 타고난 재능이 있거나 풍족한 환경에 놓인 사람을 따라잡기 위해서는 굉장한 노력이 필요합니다. 그렇기 때문에 깨달음이 빠르면 빠를수록 좋습니다. 그리고 그 깨달음으로 얻은 것을 교양이라고 부르는 것입니다.

도망갈 곳을 만들어 둔다

이 원고를 쓰던 중에 도쿄대를 졸업하고 주식회사 덴쓰(電通)에 입사한 젊은 엘리트 여성이 과로로 자살하는 사건이 일어났습니다. 얼마나 과중한 업무에 시달리다 안타까운 선택을 했는지 그 경위도 공개되어 세간의 큰 주목을 받았습니다. 외동딸을 잃은 모친은 "목숨보다 중요한 건 없어요"라고 강조했습니다. 지당한 말입니다. 덴쓰 사원의 사건은 빙산의 일각입니다. 과로는 지금 사회에 만연하고 있습니다.

저도 젊은 시절에는 십수 권을 동시 연재하면서 밤을 새워가며 일할 때도 빈번했는데, 제가 정말 좋아하는 골프를 열흘에 한 번은 치기로 정해서 도망갈 곳을 만들어 두었습니다. 열흘에 한 번 골프를 칠 수 없게 된다면 일의 양을 줄이기로 한 것입니다. 아직 일의 리듬이나 페이스를 파악하지 못한 이들에게 해 주고 싶은 말은 '도망갈 곳'을 만들어 두라는 것입니다. 그렇지 않으면 인생은 정말로 괴롭습니다. 이미 괴로움에 빠진 뒤에는 도망갈 곳을 만들 기력도, 체력도 없습니다.

인생이 괴로울 때 도망갈 곳이 있다는 것은 매우 중요합니다. 그것이 사람이든, 취미든, 추억이든, 무엇이든 좋습니다. '누구에게도 뺏기지 않는 무언가'. 잠시 현실의 괴로움에서 벗어날 수 있는 피난처가 꼭 필요합니다. 그래서 인생이 순조로울 때부터 도망칠 곳을 미리 만들어 두어야 합니다. 괴로움에 빠져 도저히 움직일 수 없어 돌덩이가 되어 버리기 전에 말입니다.

일이 너무 바빠서 기분이 우울할 때 저만의 대처법이 있습니다. 일 때문에 고민에 빠졌거나 한 톨의 여유도 없이 기분이 개운하지 않을 때 스스로에게 이렇게 말합니다.

'지금부터 3시간 동안은 아무 생각하지 말자.'

시간을 정해서 강제적으로 사고를 정지시키는 것입니다. 낮잠을 자도 좋고, 영화를 봐도 좋고, 무엇을 하든 좋습니다. 어쨌든 그 일에 대해서는 깊게 생각하기를 그만두는 것입니다. 이 방법은 굉장히 효과적이었습니다. 사람은 매일매일 액셀만 밟으며 살아갈 수 없습니다. 몸의 상태나 마음의 상태를 살피면서 저속 기어로 바꾸거나 브레이크를 밟아야 합니다.

다른 사람에게 뒤처질 것 같다고 해서 걱정할 필요는 없습니다. 맹렬한 속도로 나를 추월한 차가 같은 신호에서 멈추거나 오히려 내가 먼저 목적지에 도달하는 일도 벌어질 수 있습니다. 나만의 속도로 꾸준히 달려야 결국 가장 확실하게 일을 해결할 수 있습니다. 내가 가진 능력 이상으로 노력하기보다는 내 능력 내에서 최대치로 노력하는 것이 좋습니다. 그렇게 하기 위해서는 나의 한계를 알아야 합니다.

나는 일의 노예가 아니라고 분명하게 마음에 새겨 두지 않으면 간단히 일의 노예가 되어 버립니다. 격무에 쫓겨 좋아하는 일이나 하고 싶은 일을 무엇 하나 하지 못하고, 몸과 마음이 다 소모될 정도로 열심히 일해서, 남은 안식처라고는 일뿐이었다는 비극만큼은 피해야 합니다. 사람은 일하기 위해 사는 것이 아닙니다. 살기 위해 일하는 것입니다. 삶이 일에 전복되지 않도록 항상 점검해야 합니다.

3장

●

자기 자신과 잘 지내는 방법에 대하여

스스로를 소중하게 여기는 사람은
다른 사람도 소중하게 여길 수 있다

'나를 막 다루지 않기'. 이것이 제가 스스로 정한 규칙입니다. 내가 나를 정중하게 대하는 것만으로도 큰 자신감이 됩니다. 설령 다른 사람이 나를 막 대하더라도 나는 나를 소중히 여긴다는 신념을 가져야 나를 지킬 수 있습니다.

내 마음이 황폐하면 다른 사람에게도, 나에게도 막 대하게 됩니다. 무슨 일을 해도 잘 되는 것 같지 않고 짜증이 납니다. 그 짜증이 얼굴이나 행동에 드러나고 사람들은 점차 내게서 멀어지게 됩니다. 그리고 그 일에 점점 짜증을 느끼게 되고, 다른 사람뿐만 아니라 스스로를 막 대하게 됩니다. 따라서 절대로 마음이 황폐해져서는 안 됩니다. 한번 황폐해진 마음은 큰 계기가 없는 한 온화하고 따뜻한 마음으로 돌아가기 쉽지 않습니다. 마음이 황폐해질 것 같을 때 다시 일어설 수 있느냐 없느냐에 따라 인생의 질이 달라집니다. 한번 나를 막 대하기 시작하면, 나를 소중히 여기게 되기까지 나를 돌보지 않았던 그 시간 이상으로 많은 시간이 필요합니다.

내가 나를 소중히 여기면 자연스럽게 상대방도 '이 사람은 정중하게 대할 가치가 있는 사람이구나'라고 생각하게 됩니다. 나는 정중하게 대할 가치가 있는 인간이라고 어필할 수 있는 것이죠. 그리고 자기 자신을 소중히 여기는 사람은 분명 다른 사람도 소중히 여길 수 있습니다. 나를 소중히 여기면 다른 사람들도 나를 정중하게 대하게 되어 이것만으로도 인간관계는 훨씬 편안해집니다.

다른 사람의 평가에 일희일비하지 않는다

'나에 대한 평가는 내가 하기.' 이 또한 제 인생의 철칙입니다. 나에 대한 평가를 스스로 내리지 않고 다른 사람에게 맡기기 때문에 어떤 평가를 받을지 걱정되는 것입니다. 물론 다른 사람의 의견을 듣는 것은 중요하지만 그것을 기반으로 스스로를 평가해서는 안 됩니다. 개중에는 진지하게 나에게 도움이 되는 조언을 해 주는 사람도 있으나, 자신의 입맛에 맞는 사람으로 바뀌길 바라는 사람도 많을 것입니다. 그 차이를 구분하는 것은 매우 중요합니다.

다른 사람의 마음에 드는 나보다 내가 좋아하는 내가 되는 것은

인생의 큰 기쁨입니다. 몸도 마음도 씩씩하게 살아간다는 증거입니다. 우리는 누구에게 어떤 평가를 받든 자신의 축을 갖고 있어야만 합니다. 그 축이 흔들리지 않으면 다른 사람의 평가에 동요할 일이 없습니다.

사람은 야지로베(양쪽 끝에 추가 달려 있어 짧은 중심축을 손가락 끝으로 받쳐 들어도 균형을 이루어 쓰러지지 않는 일본 인형—옮긴이) 같아서 다른 사람의 평가에 마음이 어두운 곳과 밝은 곳을 오가는 법입니다. 지금은 어두운 곳에 닿아 있을지 몰라도 내일은 밝은 곳에 닿을지도 모릅니다. 단, 축은 흔들리지 않아야 합니다. 축만 굳건하다면 어두운 쪽에 닿았다 하더라도 다음에는 밝은 쪽에 닿아서 균형을 잡을 수 있습니다.

다른 사람에게 미움받아도 '나는 나'라는 강한 마음을 가지지 않으면 타인의 평가에 따라 자신의 축이 흔들려 버립니다. 자신의 가치관으로 스스로를 평가하지 않는다는 것은 타인의 가치관으로 살아간다는 것입니다. 그것은 곧 자신의 인생을 부정하는 것입니다. 나에 대한 평가는 내가 하기. 이 점을 잊어서는 안 됩니다. 타인을 위한 인생이 아니라 나를 위한 인생이기 때문이죠.

나의 안식처는
나 자신이어야 한다

　내 마음의 안식처는 결국 나 자신입니다. 타인을 인생의 안식처로 삼는 것은 매우 위험한 일입니다. 타인은 나를 도와주지만 평생 그럴 수는 없습니다. 결국에 나를 돕는 것은 나뿐입니다. 타인을 마음의 안식처로 삼는다는 것은 일종의 의존입니다. 불안의 해소를 다른 사람에게 맡기면 나도 모르게 상대방에게 과도한 기대를 하게 됩니다. 상대방은 가능하다면 그기대에 부응해 주고 싶겠지만 자기 마음속 불안도 해소하기가 어려운데, 다른 사람의 마음속 불안은 어떻게 해소할 수 있을까요?

따라서 늘 다른 사람에게 불안의 해소를 일임하는 사람은 조심해야 합니다. 그런 사람은 다른 사람에게 의지하면서 자신의 생각대로 되지 않으면 제멋대로 기대하고, 제멋대로 실망하고, 제멋대로 싫어하며 떠나갑니다. 아니, 오히려 떠나 주면 좋겠지만 내내 옆에서 원망하는 사람도 있습니다.

물론 나의 불안이 다른 사람의 도움으로 해소될 때도 있습니다. 그러나 나를 구할 수 있는 것은 내 의사와 힘뿐입니다. 내가 해결하고 얻은 답은 그 누구에게도 뺏기지 않습니다.

또, 다른 사람에게 의지하는 것은 습관이 되기 쉬운 법입니다. 만약 내가 의지한 사람이 불안을 해소해 주지 못하더라도 나를 위해서 시간과 마음을 써 준 것을 진심으로 고마워할 줄 아는 사람이 의지할 자격이 있습니다. 하지만 그렇다고 해도 누군가의 도움으로 문제를 해결하는 것이 습관이 되지 않도록 주의해야 합니다. 거듭될수록 문제를 일으켜도 다른 사람이 수습해줄 거라는 생각에 빠져서, 신중함이 사라지고 문제를 일으키기 쉬운 사람이 되어 버리기도 합니다.

때로는 다른 사람의 힘을 빌려서 문제를 해결할 필요도 있습니다. 자신의 힘으로는 도저히 해결할 수 없을 때 다른 사람의 힘이 더해지면 해결되는 경우도 아주 많습니다.

그러나 '나는 문제를 해결해 주는 사람', '나는 남의 도움을
받아야 문제를 해결할 수 있는 사람'처럼 그 역할을 정해서는
안 됩니다. 피차일반이라고 생각하는 정도가 타인에 대한 딱
좋은 의존도가 아닐까요?

잃어버린 시간은
나에게 필요했던 시간

기나긴 인생 속에는 누구에게나 '잃어버린 시간'이 존재합니다.

"마음의 병 때문에 수년을 낭비했어요."

"블랙 기업에서 일한 탓에 시간을 낭비했어요."

"재미없는 결혼 생활 때문에 몸도 마음도 만신창이가 되었어요."

트위터를 하다 보면 인생에서 잃어버린 시간에 대해 한탄하는 메시지가 수없이 날아드는데, 제가 내린 결론은 이렇습니다. '포기할 수밖에 없다' 그리고 '바뀔 수밖에 없다'입니다.

포기하는 방식은 하나뿐입니다. 잃어버린 시간을 살았던 때보다 가벼운 마음으로, 강하게 살아서 행복해지는 것입니다. 그것이 잃어버린 시간에 대한 복수입니다. 그동안 고생한 데 대한 본전을 건지는 방법입니다. **고생을 보상받지 못한 채로 끝내는 것이 아니라 잃어버린 시간을 나에게 필요했던 시간으로 승화시키는 것입니다.**

중요한 것은 잃어버린 시간을 반복하지 않는 것입니다. 첫 번째는 누구나 하는 실패입니다. 어리석은 두 번째 실패도 있을 것입니다. 그러나 세 번째 실패는 당신의 의사로 일어난 일입니다. 과거를 잃어버린 사람은 그에 대한 벌처럼 나쁜 과거를 반복하게 됩니다. 잃어버린 시간을 반복해서는 안 됩니다.

신학자 라인홀드 니버의 유명한 기도문이 있습니다.

"신이시여, 바꿀 수 있는 일을 바꾸는 용기를 우리에게 주소서. 바꿀 수 없는 일을 받아들이는 냉정함을 주소서. 그리고 이 두 가지를 분별하는 지혜를 허락해 주소서."

인생에서 잃어버리는 시간을 더 줄이고, 나의 시간을 살아가기 위해서는 바꿔야 하는 것과 바뀌지 않아야 하는 것을 분별할 수 있어야 합니다. 다른 사람의 말을 따라 바뀌라는 말은 아닙니다. 내 마음에 들지 않는 사람을 만났을 때 그 사람이 내가 원하는 사람으로 바뀌길 바랐다고 합시다. 반대로 다른 사람이 나에게 그러길 바랐다면 어떨까요? 흔쾌히 승낙할 사람이 있을까요?

저에게는 '이 사람의 조언이라면 내가 바뀌어야만 한다'고 생각하는 기준이 있습니다. 바로, 너무 착하지 않으면서도 너무 엄격하지 않은 사람입니다. '착한 사람은 믿는다. 너무 착한 사람은 믿지 않는다. 정말로 착한 사람은 엄격하기도 하다. 엄격한 사람은 믿는다. 너무 엄격한 사람은 믿지 않는다. 정말로 엄격한 사람은 착하다.' 이것이 바로 제가 사람을 받아들일 때의 기준입니다. 애초에 타인의 인생에 과한 관심과 집착을 느끼는 사람은 타인이 자신의 생각대로 되어 주길 바랄 뿐이라는 점을 기억해야 합니다.

약한 사람은 상대를 용서할 수 없다

    종종 지하철에서 등에 업힌 아기의 발이 옆 사람의 몸에 닿는 장면을 봅니다. 그런데 어느 날에는 한 남성이 자신의 팔에 아기의 발이 닿자 굉장히 험상궂은 표정으로 아이의 어머니를 째려보았습니다. 이 일을 트위터에 올렸더니 아이의 신발을 벗기지 않은 어머니가 잘못했다는 다수의 답장이 날아왔습니다. 어느 정도 스스로 판단하고 행동할 수 있는 어린아이라면 몰라도 작은 아기의 발이 닿은 정도인데 대체 뭐가 잘못됐다는 말일까요? 정말 아이의 어머니를 몰아세울 일일까요? 아이를 키우는 어머니의 마음을 조금이나마 상상하고 공감할 순 없는 걸까요?

이제 막 걷기 시작한 아이는 자신의 의지로 행동을 제어할 수 없습니다. 안아 달라고 떼를 쓸 때도 있는가 하면 바닥으로 내려와서 걷겠다거나 유모차에 타고 싶다고 말하는 게 당연합니다. 그때마다 복잡한 지하철 안에서 신발을 신기거나 벗기는 행위는 어머니들에게 버거운 일입니다. 눈을 흘기고 싶을 만큼 그 상황이 마음에 들지 않는다면, "아이의 신발이 닿았어요. 조심해 주세요"라는 한마디로 용서하면 되지 않을까요?

일본에서는 '다른 사람에게 폐를 끼쳐서는 안 된다'고 가르치지만, 인도에서는 아이에게 '너는 다른 사람에게 폐를 끼치며 살아가고 있으니 다른 사람을 용서할 줄 알아야 한다'고 가르친다는 이야기를 들은 적이 있습니다. 저는 일본식보다 인도식이 좋다고 생각합니다. 어떤 사람이든 어떤 나라든 다른 사람이나 다른 나라에 폐를 끼치면서 존재하는 법입니다. **혼자 살아간다고 생각하는 사람은 혼자 사는 것이 아니라 그저 고독할 뿐입니다. 살아간다는 것은 '피차일반'의 연속입니다.**

아기의 발이 닿은 남성은 자신의 가방이 누군가에게 닿거나 타인의 발을 모르고 밟은 적은 없었을까요? 내가 취한 태도가 언젠가 나에게 돌아와도 어쩔 도리가 없다는 말입니다. 사소한 일로 누군가가 나를 째려보거나 누군가에게 큰소리로 욕을 먹어도 좋다고 스스로 승인하는 것이나 다름없습니다.

작은 일을 용서할 수 없다는 것은 나약하다는 뜻입니다. 강하고 씩씩한 정신을 가진 사람은 결코 그 정도의 일로 감정을 겉으로 드러내는 법이 없습니다. 지하철 안에서의 사건이나 아이의 어머니를 비난하는 메시지를 보낸 사람들을 보면서 저는, '이 사람들은 평소에 불리한 처지에 놓여 있는 사람들이겠지', '나약하니까 자신보다 더 약한 사람들의 결점을 용서할 수 없는 것이겠지' 같은 생각이 들었습니다.

나약한 사람이 더 나약한 사람을 상처 입히는 법입니다. 껄끄러운 감정을 겉으로 드러내는 사람들에게 부족한 것은 강인한 정신입니다. 강인한 정신을 가진 사람들은 근저에 안정적인 감정이 자리 잡고 있습니다. 저는 정신이 안정된 사람을 존경하고 그런 사람이 되고자 노력합니다. 지금까지 인생을 살아오며 얻은 큰 교훈 중 하나는 '나약한 사람은 작은 일에도 금방 화를 낸다'입니다.

한 사람과 깊게 사귀는 것

인생을 살다 보면 깊게 그리고 얕게 많은 사람이 내 곁을 스쳐 지나갑니다. 얕아서 안 되는 법도, 깊어서 안 되는 법도 없습니다. 그저 '이 사람은 정말 중요한 사람'이라고 생각될 때는 주저하지 말고 붙잡아야 합니다. 인간관계는 자연스러움을 추구하다 보면 술술 흘러가 버립니다. 운명적인 사람 역시 마찬가지입니다.

요즘 주위를 둘러보면 한 사람과 깊게 사귀어 보는 것의 가치를 소홀히 하는 경향이 강한 것 같습니다. 각자의 가치관은 천차만별이겠지만 한 사람과 깊게 사귀어 보지 않으면 사람을 이해하는 즐거움, 풍족함을 알 수 없습니다. 100명의 지인보다 한 명의 친구가 낫습니다. 솔직히 말하자면 다른 사람과 관계를 맺는다는 것은 귀찮은 일이 많습니다. 하지만 그 이상으로 얻는 것이 더 많습니다.

어울리는 사람은 그 당시의 나의 상태에 따라 달라집니다. 우리가 자라면서 몸에 맞는 옷을 새로 사듯이 어울리는 사람도 달라지는 법입니다. 또, 취향에 맞는 옷을 고심 끝에 사지 않으면 괜히 돈 낭비를 한 것이 되듯이 어울릴 사람도 신중하게 고르지 않으면 이와 비슷한 인간관계밖에 쌓을 수 없습니다. 아끼는 코트를 늘 소중하게 다루듯이 인생에는 아끼는 사람이 필요합니다.

깊게 사귀는 사람과 얕게 사귀는 사람. 사람과의 궁합이라는 것은 물론 존재하지만, 한 사람과 깊게 사귀는 것의 가치를 모른다는 건, 인생에서 중요한 가치를 놓치는 것입니다. 깊게 사귄다는 것이 언제나 늘 한 몸처럼 붙어 있어야 한다는 것은 아닙니다. 너무 무겁지도 가볍지도 않고, 때로는 거리나 시간을 두고, 때로는 진득하게 이야기에 꽃을 피우고, 모든 것을 다 이야기한 후에는 침묵하며 각자의 생각에 잠길 수 있는 관계라면 점점 깊어져 갑니다.

싸울 수 없는 내가
싸우는 나를 비웃어선 안 된다

이 원고를 쓰고 있을 때 평창 올림픽이 열렸습니다. 피겨 스케이팅의 하뉴 유즈루 선수나 컬링 여자 선수들, 다카나시 사라 스키 선수 등에 대해 좀 더 상세히 알아보려고 인터넷 검색창에 이름을 입력하자 추천 검색어에 '혐오'라는 단어가 붙어 나와서 깜짝 놀랐습니다. 그토록 열심히 노력한 선수들마저 이름 뒤에 '혐오'가 붙는 것입니다. 거기서 그 단어를 검색하면 저도 그 검색어에 한 표를 더하는 셈이므로 검색 버튼을 누르지 않았습니다. 또 시험 삼아 인기 있는 유명인을 검색했더니 100퍼센트라고 해도 좋을 만큼 부정적인 검색어가 표시

되었습니다.

세상에는 다른 사람에게 인기 있는 사람을 싫어하고, 노력하는 사람을 싫어하고, 성공한 사람을 싫어하는 사람도 있습니다. 그래도 '혐오'를 검색하는 사람이 생각보다 많다는 사실을 저는 받아들이기 어렵습니다. 무엇을 검색하든 자기 마음입니다. 당연합니다. 유명하지 않아도 누구나 빛과 그림자는 있습니다. 그러나 그림자에 끌려가는 사람이 이렇게나 많은가 싶어서 놀랐습니다.

축제를 즐기지 못하는 나여도 좋습니다. 축제를 즐기는 사람을 부정하지 않는다면 말이죠. 저는 다른 사람의 진심을 비웃는 사람을 용서할 수 없습니다. 모두가 칭찬해 주는 싸움은 없습니다. 그러나 그 싸움이 무엇이건 싸울 용기가 없는 자는 적어도 싸우는 자를 비웃어서는 안 된다고 말하고 싶습니다.

'괴물과 싸우는 자는 자신이 괴물이 되지 않도록 주의해야 한다.'

'오랫동안 심연을 바라보면 심연이 당신을 다시 바라본다.'

지금 시대의 '괴물', '심연'이란 인터넷 사회를 가리키는 말이 아닐까 싶습니다. 현명한 사람은 그 괴물이나 심연에 매몰되지 않고 스스로 제어할 수 있습니다.

제가 애독하는 한 잡지에서 도쿄와 같은 대도시에서 일하는 것이 아니라 컴퓨터와 지성, 적응력으로 전 세계 어느 곳에서든 일할 수 있는 사람들의 이야기를 다룬 적이 있습니다. 지방의 한 마을에서 어린아이를 키우면서 전문 번역 일을 하는 동시에 농작업을 해내는 등 시골에 도회적인 바람을 불어넣으면서 지역 사람들과 관계를 쌓아가는 사람들의 이야기가 인상적이었습니다. 지금은 노트북만 있으면 세계 어디에서든 할 수 있는 일이 많은 시대입니다.

이처럼 사회의 변화를 자기 입맛에 맞게 잘 활용하는 사람이 있는가 하면, 그 어둠에 잡아먹히는 사람도 있습니다. 같은 도구가 주어져도 이런 차이가 생기는 것은 사람의 성질이 다르니 어쩌면 당연한 것인지도 모릅니다. 그러나 그 어둠에 잡아먹힐 듯할 때 참고 견딜 것인지 아니면 벗어날 것인지가 인생의 질을 결정합니다.

오늘도 한 여고생이 인터넷을 통해 알게 된 남자들에게 감금당한 사건이 일어났습니다. 비슷한 사건이 연일 보도됩니다. 성실하게 살기보다는 어둠에 잡아먹힌 사람들의 목소리가 큰 것이 인터넷 사회라고 생각합니다. 그 대부분은 열심히 싸우고 있는 사람들을 자신의 수준까지 끌어내리고 싶다는 왜

곡된 마음을 가진 사람들입니다. 노력하는 사람들의 수준에 가까워지려고 하기보다는, 열심히 노력하는 사람들을 끌어내리는 편이 단순하기 때문입니다.

저는 이른바 에고 서핑(egosurfing, 에고(ego)와 서핑(surfing)의 합성어로 '자아를 서핑한다'는 뜻이다. 인터넷 검색엔진에서 자신의 개인정보를 검색한 후 검색이 되면 자랑스러워하고, 검색이 안 되면 안전하다고 생각하는 이중성을 보이는 에고 서퍼들을 지칭하는 말이다—옮긴이)을 하지 않습니다. 좋은 이야기도 나쁜 이야기도 적혀 있겠지만, 그것을 본다는 것은 타인에게 조금이라도 피해를 주려고 하는 사람들이 원하는 바대로 행동하는 셈이기 때문입니다.

우물 안 개구리에서 벗어나기

트위터를 하다 보면 타인을 깔보거나 공격적인 트윗을 하는 사람을 종종 발견합니다. 어떤 사람일까 싶어 그 사람들의 트위터를 관찰해 보면 공통된 특징이 있습니다. 바로, 그들이 사는 세계가 놀라울 정도로 좁다는 점입니다. 경제적 활동을 하고 있는지 하지 않는지도 불분명하고, 외출을 한다고 해 봐야 고작 집 근처 정도입니다. 대체로 '어디어디 라멘이 맛있었다', '어느어느 만화가 재미있었다' 같은 이야기 외에는 다른 사람의 험담을 일삼을 뿐입니다.

좁은 세계에서의 지견이기 때문에 나와 의견이 일치하지 않으면 마음에 들어 하지 않는다→ 자신과 생각이 다른 사람은 공격 대상이라고 간주한다→예절을 지키지 않는다→다른 사람이 상대해 주지 않아서 더 공격적으로 변해 세계가 더 좁아지는, 이런 악순환이 반복됩니다. 세계는 넓고, 풍요롭고, 아름다운 것이라는 사실을 깨닫지 못한 것입니다.

제가 작품을 그리던 중에도 똑같은 감상을 느꼈던 적이 몇 번이나 있습니다. 자신의 세계가 작고 좁은 사람일수록 창작의 세계를 의심합니다. 시대극을 쓰다 보면 역사에 밝은 사람에 한해 '그런 일은 있을 수 없다'고 의심하는데, 오히려 역사에 밝다면 '만약에 그런 일이 일어난다면 재미있겠다'며 작품을 즐길 수 있는 것입니다.

나의 세계를 넓혀서 새롭게 접하는 세계를 즐기면 됩니다. 음식이든 운동이든 취미든 이야기든 지금껏 향해 보지 않은 길로 방향을 틀어 삶의 지도를 넓혀 보는 것입니다. **나의 세계가 넓다는 것은 살아가면서 큰 이점이 됩니다. 일상의 사소한 일부터 커다란 일까지 무언가에 꽉 막혔을 때 도망갈 곳이 여러 곳에 있다는 것입니다.** 나의 세계가 좁으면 하나가 잘못됐을 때 모든 게 다 잘못됐다고 생각하기 쉽습니다.

또, 세계가 넓다는 것은 지인이나 친구도 많아지고 의지할 수 있는 사람들도 늘어난다는 말입니다. 물론 누군가에게 도움을 줄 일도 늘어나는데, 다른 사람을 돕는다면 그 도움이 나중에 나에게도 돌아옵니다. 안타깝게도, 자신의 세계를 넓히려고 하지 않는 사람은 자기의 세계가 좁다는 데 대한 자각이 없습니다.

나의 역할을 단정하지 않는다

나의 역할을 단정하고 거기에 칭칭 얽매여 괴로워하는 사람이 많아 보입니다. 자신의 역할을 단정하면 늘 '나는 이래야만 한다'라고 생각하기 쉽습니다. 예를 들어, '어머니는 모름지기 아이를 돌보고 집안일을 잘 해내고 남편에게 최선을 다해야 한다', '아버지는 일로 출세하고 집에 돈을 벌어다 주고 아이를 대학에 보내야 한다' 같은 낡은 가치관과 고정관념에 속박되는 것입니다. 물론 지금도 그런 것들이 상식적으로 요구되는 측면은 있지만, 역할을 단정 짓지 않고 가능한 일부터 하려는 '협력'에 중점을 두어야만 합니다.

우리는 모두 어떤 때는 도와주는 사람이었다가 어떤 때는 도움을 받는 사람이 되는 것입니다. 또, 어떤 때는 가르침을 주는 사람이었다가 어떤 때는 배우는 사람이 되고, 어떤 때는 엄격한 사람이었다가 어떤 때는 응석을 부리는 사람이 되는 것입니다. 이처럼 나의 역할은 더 자유로워도 좋습니다.

껄끄러운 일까지 도맡아 하는 사람을 가리켜 '최선을 다한다'며 칭찬하는 사람은 많지만, 그 일을 잘하는 사람에게 맡기면 본인도 편하고, 시간도 단축할 수 있고, 심지어 좋은 결과도 얻을 수 있으니 좋은 일뿐입니다. 반면에 그 일에 능숙하지 않은 사람이 똑같은 일을 하면 고통스러울 뿐만 아니라 시간도 더 걸리고 대단한 결과도 나오지 않을 확률이 높습니다. 역할을 단정 짓지 않는 방식으로 세상이 돌아가면 좋겠다고 늘 생각합니다.

내 기분은 내가 조절한다

주위를 둘러봅시다. 10명의 사람이 있는데 그중 한 명이라도 기분이 나쁜 사람이 있으면 나머지 9명도 마음이 불편해집니다. '기분이 나쁜 사람'은 파괴력이 있습니다. 기분은 금방 전염되기 때문입니다. 특히 나쁜 기분은 더더욱 그렇습니다. 기분 좋게 지내는 것은 다른 사람을 위해서도, 나를 위해서도 중요한 일입니다. '불쾌함은 무언의 폭력'입니다. 내 기분은 내가 조절한다는 것이 어른의 작법입니다. 불쾌함을 느끼며 타인을 제어하는 것을 나쁜 방향으로 학습하는 사람이 주변에 결코 적지 않습니다. 아무리 나이가 들어도 불쾌함으로 타인을 제어하려는 사람은 유치한 인격을 가진 사람입니다.

　기분 좋게 있을 수 있다는 것은 마음이 편안하다는 뜻입니다. 저는 인생의 극의(極意)는 '인생을 얼마나 편안하게 잘 보낼 수 있는가'라고 생각합니다. 싸워야 할 일도, 분노가 치솟아 목소리를 높여야만 할 일도 많겠지만, 기본적으로는 편안한 마음으로 여유를 갖고 너무 심각하게 생각하지 않아야 합니다. 이것은 매우 중요합니다. 여유가 있으면 곤란한 상황에 직면해도 '어떻게든 되는 게 인생이지!' 하며 극복할 수 있습니다.

　기분이 좋으면 여유가 생기고, 또 여유는 기분을 좋게 합니다. 여태껏 이런저런 사람들과 교류를 쌓으며 깨달은 점이 있습니다. 정신이 안정돼 있고 온화한 성격으로 인간관계가 원만한 사람들은 부모가 자녀 앞에서 싸우지 않았다는 공통점이 있습니다. 아버지가 어머니를 비난하든 어머니가 아버지를 비난하든, 나는 두 사람의 피를 물려받아 태어난 것이기 때문에 부부 싸움은 자식인 나를 부정하는 것과 마찬가지입니다. 다른 사람이 싸우는 모습 자체가 트라우마가 됩니다. 내 아이를 비롯해 주변 사람들에게 부정적인 기류를 전달하지 않는 것이 어른의 소양입니다.

인생이 잘 안 풀릴 때
결단하지 않는다

인생은 결단의 연속입니다. 매일은 작은 결단의 반복이고, 인생의 전환기에는 큰 결단을 내려야 하는 순간도 있습니다. 작은 결단이라면 그 결과가 좋지 않을 때 수습할 수 있지만, 큰 결단이라면 평생 후회로 남기도 합니다. 궁지에 몰린 자의 조언을 신용해서는 안 되지만 그것은 내가 나에게 조언할 때도 마찬가지입니다.

저도 그랬습니다. 그래서 몇 번이나 실패했습니다. 정신없이 어떻게든 그 궁지를 벗어난 후에도 이전에 내가 왜 그런 잘못된 결단을 내렸는가 하며 스스로를 질책하고 또 질책했습니다. 그러나 인간은 궁지에 내몰렸을 때 가장 안이하고 편한 길을 택하기 쉽습니다. '이쪽을 택하면 쓸데없이 일이 복잡해지겠지'라는 생각으로 후회하리라는 걸 알면서도 어리석게도 그쪽을 택하는 것입니다. 그럼 어떤 선택이 올바른 선택인가를 묻는다면, 신뢰할 수 있는 사람에게 정직하게 자신의 궁핍한 상황을 털어놓고 의지하는 것이라고 답하고 싶습니다. 여유가 있는 사람은 옳은 판단을 하고 조언을 합니다.

인생이 잘 안 풀릴 때에 하는 최악의 판단은 자살입니다. '죽는 게 낫다'고 생각하는 그 마음은 이해합니다. 그치지 않는 비는 없다고 생각하지 못하고, 지금 내리는 비가 죽음에 이르게 할 정도로 견디기 힘든 것입니다. 무기를 쓰지 않는, 자살이라는 혼의 전쟁입니다. 하지만 365일, 24시간 내내 죽고 싶다고 생각하는 사람은 없습니다. **인생이 잘 안 풀릴 때에는 절대로 결단하지 말고 지나가게 내버려 두세요. 이렇게 하는 습관을 들이세요. 이유가 무엇이든 그것이 가장 나쁜 선택을 하지 않도록 도울 것입니다.**

다시 말하지만 작은 일이든 큰일이든 자신의 감정이 부정적으로 흐를 때는 결단이나 결행을 해서는 안 됩니다. 그리고 한 가지 더 빠지기 쉬운 덫이 있습니다. 기분이 비정상적으로

고양되었을 때 내리는 결단도 마찬가지로 위험합니다. 기분
이 고양되었을 때는 이상한 자신감이 생겨서 뭐든 가능할 것
만 같은 만능감에 사로잡힙니다. 그때 결단한 일은 대개 내가
감당할 수 있는 것 이상으로 나중에 나를 괴롭힙니다. 결단은
스스로를 냉정하게 관찰할 수 있는 상태일 때, 마음이 어지럽
지 않고 평온할 때 한다는 규칙을 세워 두는 것이 좋습니다.

행운이 따르는 길을 열어 둔다

성공한 사람에게 찾아오는 행운은 우연이 아닙니다. 그들은 운을 스스로 불러들입니다. 그리고 그 운은 한 번으로 끝나지 않습니다. 행운을 누리는 동시에 또 다른 운을 불러온다고 할까요. 운의 연쇄 작용이 그들을 한층 더 높은 곳으로 이끌어 줍니다. 우리의 일상은 무수한 의사결정으로 넘쳐납니다. 그것들은 운이 아닙니다. 내가 할 수 있는 범위 내에서의 올바른 의사결정이 쌓이면 그것이 바로 운입니다. **운이란 능동적인 것이지, 수동적인 것이 아닙니다. 지금 내가 살아가는 일상에서 운이 따르는 길을 열어 두어야 하는 것입니다.**

어떤 작가가 '내게는 재능이 있다'고 말했다면 그 사람에게는 재능이 있는 것입니다. 어떤 여성이 '나는 아름답다'고 말했다면 그 사람은 아름다운 것입니다. 겸허함은 훌륭한 성품이지만 지나치게 겸허한 사람은 행운이 찾아올 실마리를 만들지 못합니다. 자신감을 잃고 고개를 푹 숙이고 있는 사람도 마찬가지입니다. '부끄러운 줄도 모르고 잘도 그런 짓을 하네'라고 말하는 사람보다 그 말을 들은 사람이 운을 움켜쥐는 법입니다.

무언가를 해내기 위해 악착같이 행동할 때는 멋이 없습니다. 멋은 운을 움켜쥐고 성공하고 나서 부려도 충분합니다. 그 멋없음을 받아들일 수 없는 사람은 운을 놓치게 됩니다. 특히 나이가 어리다면 자신감 과잉에 멋이 없어도 좋습니다. 나이가 들면 원하지 않아도 자신의 분수를 알게 되기 때문입니다.

그리고 결국 운을 끌어당기는 것은 인격입니다. 인격이 좋지 않은 사람은 가끔 운이 굴러 들어와도 나쁜 인격 탓에 운이 도망가 버립니다. 운은 제멋대로인 것처럼 느껴질 때가 있지만 운을 움켜쥐려면 다른 사람을 끌어당기는 인격을 갖추는 것이 좋습니다.

어떤 만남은 인생을 바꾼다

누구든 이런 생각해 본 적이 한 번쯤은 있을 것입니다.

'그때 그 사람을 만나지 않았다면 인생은 완전히 달라졌을 거야.'

누구를 만나느냐에 따라 인생이 달라진다는 것은 모든 사람이 매 순간 느끼는 본심이 아닐까요? 하지만 그것은 우연이기도 하고 필연이기도 합니다.

위로 10세대를 거슬러 올라가기만 해도 제게는 1,024명의 선조가 있습니다. 그 선조 중 한 사람이라도 다른 사람과 연결되었다면 지금의 나는 존재하지 않습니다. 가장 먼저 만나는 사람은 어머니이자 아버지입니다. 행복과 불행은 울음을 터뜨리며 태어난 시점부터 평등하지 않습니다.

아직도 기억나는 일이 있습니다. 제가 초등학생 때 친구 집에서 놀고 있는데, 정원수의 가시에 손이 찔려 작은 상처를 입었던 적이 있습니다. 정말로 작은 상처였습니다. 그것을 본 친구의 어머니가 '아프겠다' 하며 가시를 빼 주었습니다. 정성껏 소독을 하고 반창고를 붙여 주는 동안 저는 아무 말도 하지 않았습니다. 그때까지 저는 이처럼 무조건적인 친절을 받아본 적이 없었기 때문에 놀라서 작은 목소리로 '감사합니다' 하고 인사하는 게 최선이었습니다.

그 친구의 어머니에게는 기억조차 나지 않을 정도로 작은 사건이었겠죠. 그러나 제게는 82세가 되어서도 잊을 수 없는 따뜻한 사건이었습니다. 그리고 '이 집에서 태어났다면 행복했겠지' 하며 친구를 부러워했습니다. 그 후에도 친구, 연인, 동료, 반려자 등등 많은 사람을 만나왔습니다. 그중에는 '이 사람과는 만나지 않았다면 좋았을 텐데' 싶은 사람도 많습니다. **하지만 그런 사람도 포함해서 지금 주변에 있는 사람들이 지금의 저의 거울인 것입니다.**

너무 기대하지도
너무 실망하지도 않는다

다른 사람과의 관계에서 느끼는 스트레스를 확 줄일 수 있는 한마디가 있습니다.

"세상엔 별별 사람이 다 있네."

나와 다른 가치관을 가진 사람은 결코 공격 대상이 아닙니다. 이 한마디로 정리하고 넘어가면 됩니다. '별별 사람'의 차이를 인정하는 것이 성숙한 어른의 교양입니다.

제가 트위터에 드물게 제 정치적 신조를 올리면 "실망했어요", "구독 취소했어요"라고 답장을 보내는 사람이 반드시 있습니다. 서로 다르기 때문에 더더욱 대화해야 하는 법인데 그

대화의 기회를 포기하는 모습은 정말 안타깝습니다. 내가 흥미를 느끼는 사람이 나와 다른 견해를 갖고 있을 때 '어떤 이유에서 그런 걸까?' 하고 경의를 잃지 않고 대화를 나누는 것은 나의 세계를 넓히는 길입니다.

다른 사람이 하는 일이 마음에 들지 않을 때는 아주 많습니다. 싫다고 증오하기까지 하는 사람도 종종 눈에 띕니다. 자기 자신에게조차 실망하는데 타인에게 실망할 일이 생기는 건 어찌 보면 당연합니다. 좋아하는 사람에게서 '어? 이런 모습이 있었는지 몰랐네' 하고 단점을 발견하기도 하고, 싫어하는 사람에게서 의외의 장점을 발견하기도 하는 법입니다. 모든 사람이 내 마음 같을 순 없습니다. 그 일부가 그 사람을 대표하는 것은 아닙니다.

기억해야 할 것은 '타인에게 너무 기대하지도 너무 실망하지도 않기'입니다. 다른 사람에게는 쉬운 일이지만 내가 실현하기는 결코 쉽지 않은 일이 있습니다. 하지만 그 반대도 마찬가지입니다. '왜 이런 간단한 일을 이 사람은 이해하지 못하고 잘하지 못하는 걸까?' 싶을 때도 종종 있습니다. 하지만 피차일반입니다. 사람은 태어날 때부터 잘하는 것과 서툰 것이 정해져 있습니다. 서툰 것에 손을 대서 아무리 노력해 봤자 결과는 고작 평균입니다. 그렇다면 잘하는 것에 특별히 집중해서 그 재능을 살려야 나뿐만 아니라 타인에게도 좋은 결과를 얻을 수 있습니다.

이 가운데서 나와 다른 사람을 어떻게 바라볼 것인가의 문제도 중요합니다. 세상에는 시기, 질투, 시샘과 같은 감정들이 넘쳐납니다. 그러나 다른 사람과 비교하지 않기로 결심하기만 해도 인생은 확 달라집니다. 없는 것을 바라지 않고 내가 타고난 카드를 잘 활용해서 승부에 임할 수밖에 없습니다. 내게 주어지지 않은 것은 분명 매력적이지만 타인은 타인이고 나는 나입니다. 포기할 때는 잘 포기해야 합니다. 잘 포기하지 못한 것은 부정적인 감정이 되어 버립니다. 잘 포기한다는 것은 무언가를 포기했지만 '지금의 내가 행복하다는 것'입니다.

포기한 것은 분명 마음의 상처가 되지만 '괜찮아, 지금 행복하니까'라고 생각할 수 있다면 잘 포기한 것입니다. 그 사람이 부럽다고 솔직하게 말하지 못한 감정은 새카만 감정으로 바뀝니다. '아, 나도 저렇게 되고 싶다'고 솔직하게 인정할 수 있다면 다른 사람을 시샘하지 않는 사람에 가까워지고 있다는 신호입니다.

저는 내가 잘 못하는 일이라면 기본적으로 하지 않아도 좋다고 생각합니다. 자신이 잘 못하는 일은 반드시 누군가가 잘하는 일이고, 그 사람에게 맡기면 됩니다. 노력하기를 포기하라는 것이 아니라 노력의 방향이 잘못되어서는 안 된다는 것입니다. 저는 그렇지 않아도 힘든 인생에서 잘 못하는 것에 손을 댈 필요는 없다고 마음먹었습니다. 굉장히 단순한 결론이지만 그런 작은 요령을 깨우친다면 인생은 훨씬 살기 편해질 것입니다.

4장

•

살아가는 방식에 대하여

마음에 여유를 더하는 작은 방법

저는 아내의 선물은 다이아몬드가 됐건 매일 사용할 컵 하나가 됐건 아주 진지하고 신중하게 고릅니다. 이것이 바로 매일의 생활이 조금이라도 더 아름다워지는 요령입니다. 생활이 아름다워지면 마음에 여유가 생깁니다. 마음에 여유가 생기면 다른 사람에게 친절할 수 있습니다. 제가 물건을 고를 때 집착하는 이유는 바로 그런 이유 때문입니다. 물건 고르기는 인생을 살아가는 방식을 고르는 것과 같습니다.

맛있는 밥을 지어 예쁜 그릇에 담아 먹고 싶어 하는 것은 지극히 자연스러운 일이 아닐까요? 마음에 드는 그릇을 구입한

덕분에 맛있는 음식을 만들고 싶은 마음도 생기는 것입니다. 목욕을 하지 않아도, 방이 더러워도, 불결해도 사람은 죽지 않습니다. 하지만 목욕마저도 하지 않았을 때나 일을 마치고 굉장히 어수선한 집에 돌아왔을 때 느끼는 부정적인 감정은 인간을 쉽게 나약하게 만듭니다.

옷차림도 마찬가지입니다. 옷차림이 단정하지 않다고 해서 죽지는 않지만 옷차림이 멋지지 않으면 비참해집니다. 최소한의 일을 해내지 않으면 사람은 간단히 약해지고 부정적인 감정에 휘둘리게 됩니다.

우울하면 생활이 어지러워집니다. 반대로 말하자면, 생활에 신경을 쓰면 우울함이 끼어들 틈이 생기지 않습니다. 생활의 아름다움에 신경을 쓴다는 것은 마음에 여유가 있다는 뜻입니다. 저는 마음이 침울해지려고 할 때 일부러 예쁜 물건을 하나 사려고 합니다. 무엇이든 좋습니다. 하다못해 그릇 하나가 됐든 넥타이 하나가 됐든 상관없습니다.

'내일은 이 그릇에 어울리는 맛있는 반찬을 만들어야지.'

'내일은 이 넥타이에 어울리는 옷을 입어야지.'

지극히도 작은 기쁨입니다. 그러나 그 작은 기쁨이 음지로 이끌려갈 듯한 기분을 다시 되돌려 줍니다. 모처럼 마음에 든

넥타이를 맸으니 다른 사람에게 자랑하기 위해서라도 약속을 잡는 식으로 말이죠.

자원봉사로 양로원에 가서 어르신들의 머리를 잘라 드리는 친구 미용사는 치매 기미가 있는 분이라 해도 머리를 매만져 주면 놀라울 정도로 표정이 밝아진다고 말했습니다. 저와 아내가 돌보고 있는 친척은 립스틱을 발라 주면 늘 집에 틀어박혀 지내던 사람이 갑자기 카페에 차라도 마시러 가자고 옷을 차려입습니다. 그래 봐야 물건이 아니냐고 하는 사람도 있겠지만, 나이가 들면 들수록 마음이 물건에 영향을 받는 것처럼 느껴집니다. 고작 물건이 아니라, 그럼에도 물건입니다. 여러분은 지금 무엇이 갖고 싶은가요?

물건을 고르는 것은 생활을 고르는 것

'싼 것 중에 정말로 좋은 것은 없다. 싼 것치고는 좋은 것이 있을 뿐이다. 좋은 것은 확실히 비싸다. 하지만 비싸지만 나쁜 것은 아주 많다.'

세상에 물건은 많고 그 가치도 누구의 손에 닿느냐에 따라 천차만별로 달라집니다. 다만 유일한 예외는 책입니다. 인터넷에서는 죽을 때까지 읽고 싶은 고전 문고본이 1엔에 팔리고 있습니다. 도쿄 같은 대도시에서는 질 좋은 물건들을 당연하게도 쉽게 구할 수 있습니다. 동시에 그 이상으로 질이 좋지 않은 것들도 넘쳐납니다. 제가 나폴리의 고고학 박물관에 방문했을 당시, 주요 미술품이 다른 미술관에 대여된 상태였습니다. 아쉬움을 안고 귀국했더니 우에노 미술관에 출품 중이었습니다. 음악의 세계도 그렇습니다. 평판이 자자한 뮤지션들이 도쿄를 방문합니다. 도쿄라는 도시에 살고 있다는 이유만으로 모든 일류를 피부로 느낄 수 있는 것입니다.

게다가 컴퓨터의 발달로 선택지는 무한히 펼쳐집니다. 일본에 있으면서 다른 나라에 있는 물건을 손에 넣을 수 있습니다. 그렇기 때문에 물건이나 일을 취사선택할 수 있는 심미안이나 비평안을 갈고닦아야 하는 것입니다. 그럼 어떻게 해야 더 질 좋은 것을 손에 넣을 수 있을까요? 매일의 정성스러운 생활이 뒷받침되어야 합니다. 하루하루를 적당하게 보내서는 질 좋은 것들을 접할 수 없습니다.

당신은 어떤 젓가락으로 밥을 먹나요? 어떤 잔으로 물을 마시나요? 우선 가장 내가 자주 사용하는 물건을 질 좋은 것으로 바꿔 보세요. 그것이 시작입니다. 내가 고된 몸을 쉬게 하고, 나만의 시간을 갖고, 에너지를 충전하는 집안에서의 생활이 아름답지 않으면 아무리 고가의 명품을 걸쳐도 허무할 뿐입니다.

"한 벌의 옷을 고른다는 것은 생활을 고른다는 것이다."

패션 디자이너 야마모토 요지의 말입니다. 그가 옷에 관한 일을 하고 있어서 옷에 해당되는 말이지만, 이 말에서 '옷'은 무엇으로든 바꿀 수 있습니다. 여러 가지 선택지 중에서 무언가를 고른다는 것은 생활을 고르는 것이고, 생활을 고른다는 것은 인생을 고른다는 말입니다. 이처럼 자신에게 가까운 것부터 아름답고 질 좋은 것들로 바꿔 보는 것이 인생을 풍요롭게 만드는 방법입니다.

진정한 가치를 알아보는 법

　돈을 쓰는 방식에 있어서도 센스가 중요합니다. 그 센스가 몸에 익을 때까지는 쓸데없는 지출을 해야 할 필요가 있습니다. 싼 물건을 사서 단기간에 처분하는 것은 자신의 심미안을 기르는 데 전혀 도움이 되지 않습니다. 심미안을 기르는 지름길은 있습니다. 바로 일류 가게에서 구입하는 것입니다. 저렴한 가게에서 쇼핑을 계속하면 결국 싼 게 비지떡입니다. 조금 무리를 해서라도 일류 가게에서 일류의 물건을 고르면 이류에 돈을 쓸 일이 줄어듭니다. 이류를 여러 개 살 돈으로 일류를 하나 사는 것입니다.

어중간한 제품에 어중간한 돈을 쓰는 것이 가장 쓸데없는 소비 방식입니다. 알기 쉽게 말하자면 지불한 가격보다 높게 팔 수 있는 물건을 사는 것이 바로 일류의 소비입니다.

물건을 잘 고르려면 심미안이 필요합니다. '일류 이발사와 보통의 이발사의 솜씨는 아주 미묘하다'고 말합니다. 그러나 볼 줄 아는 사람이 보면 완전히 다릅니다. 일류란 눈에 띄는 멋을 부리지 않습니다. 오히려 무심합니다. 그리고 그 무심함을 획득하기 위해서는 타고난 센스와 배양된 심미안이 필요합니다. 아쉽게도 타고난 센스라는 것은 타고난 운동 신경처럼 선천적인 것이라 후천적으로 노력해도 결코 쫓아갈 수 있는 것이 아니지만, 그런 센스가 없으면 없는 대로 열심히 노력한 촌스러운 멋도 저는 좋아합니다.

부자 중에 센스가 별로인 사람이 많은 이유는 그들은 고르지 않아도 되기 때문입니다. 무엇이든 살 수 있기 때문에 심미안을 기를 이유가 없는 것입니다. '고르기', '선택하기'라는 행위에 의해서 사람의 센스는 점점 세련되어 갑니다. 귀하면서 저렴한 물건을 손에 넣으려면 그것을 판별할 수 있는 안목이 있어야만 합니다. 판별사가 되기까지는 시시한 것에 아주 많은 수업료를 내야 합니다. 하지만 일류의 제품을 원하는 사람

들이 있어야 비로소 일류의 제품을 제공하는 사람들이 성장합니다. 내가 하는 소비가 하나의 초석으로써 문화를 성장시키는 것입니다.

또, 다른 취미가 풍부한 사람과 어울리는 방법도 있습니다. 어른의 취미에는 지성이 동반됩니다. 취미는 그 사람이 가장 좋아하는 것이기 때문에 어떤 취미를 가졌는지를 보면 그 사람을 대강 알 수 있습니다. 다른 사람의 시선 같은 것은 신경 쓰지 않고 자기가 좋아하는 것을 취미로 삼는 것은 물론 좋은 일이지만, 어른이 선택한 취미에 지성이 느껴지지 않는다면 지위나 직함을 불문하고 배울 점이 없어 보입니다.

대화를 재미있게 하는 사람들은 모두 그들의 취미를 통해서 제게 다양한 것들을 알려 줍니다. 취미가 다양한 사람은 인간성도 풍부하게 느껴집니다. 나에게 부족한 것이나 내가 모르는 세계를 누군가에게 배운다는 것은 결국 진화하고 심화한다는 것입니다. 친구를 고를 때에는 취미가 풍부한 사람을 골라야 한다는 신념을 갖고 있습니다. 풍부한 취미를 가진 친구를 하나 둔다는 것은 훌륭한 스승을 하나 두는 것과도 같기 때문입니다.

잃어버리면 다시 사고 싶은
물건만 사기

부지런히 쌓아 온 인생의 낭비를 내려놓고자 할 때 중요한
것은 '두 번 다시 가질 수 없는 것만 남기겠다'라는 기준입니
다. 언제든지 그 물건이나 그보다 더 좋은 물건을 손에 넣을
수 있다면 집착할 필요가 없지 않나요? 이런 물건들을 놓아주
겠다고 마음먹으면 불필요한 것들이 깎여나가 단순해지고, 쓸
데없는 물건에 대한 집착에서 벗어날 수 있습니다.

물건을 살 때 '잃어버리면 똑같은 걸로 다시 사고 싶을 만한
물건'만 사겠다는 것은 아주 바람직한 가치 기준입니다. 그 정
도로 마음에 드는 물건을 사겠다는, 자신의 소유물에 대한 애

착입니다. 돈은 역시나 소중한 것입니다. 그 소중한 돈을 지불해서 손에 넣은 물건을 어떻게 다룰 것인가, 이는 곧 그 사람의 인간성의 보여주는 것이라고 할 수 있습니다.

'질 좋은 물건을 사서 오래오래 쓰기.' 이것이 이상적인 돈의 씀씀이입니다. 또한, 물리적으로 남지 않는 것에 아끼지 않고 돈을 쓰는 것도 중요합니다. 이를테면 여행을 가거나, 식사를 하거나, 음악을 들으러 콘서트장에 가는 등 물건이 남지는 않지만 좋은 추억으로 남는 것들에 돈을 쓰는 것도 소중한 행위입니다. 그러한 시간들을 간직하기 위해 사진으로 남길 수도 있겠지요.

무엇에 돈을 쓰는가는 그 사람의 내면을 보여줍니다. 하지만 사람은 성장함에 따라 돈을 쓰는 방식도 성장합니다. 예전에는 그렇게나 좋아했던 것에 흥미가 떨어질 때가 있습니다. 그것에 투자한 시간이나 돈을 생각하면 말문이 막히지만 한 단계 더 성장한 것이라고 생각하며 기뻐하면 됩니다.

낭비가 인생을 풍부하게 만들 때도 있습니다. 모순되게도 이 세상에서 그다지 도움이 되지 않는 것이 가장 즐거운 것이기도 합니다. 중국에는 '만약 당신에게 두 개의 동전밖에 남아 있지 않다면 하나로 한 근의 빵을 사고, 다른 하나로 백합을 사라'는 속담이 있습니다. 제가 정말 좋아하는 말입니다. 인생을 살다가 힘에 부칠 땐 적어도 한 송이의 백합을 살 여유를 가져야 합니다. 두 개의 동전으로 식료품을 사야만 할 때라도 예쁜 꽃을 사서 꽃병에 장식하는 여유를 잊고 싶지 않습니다.

집착을 내려놓으면 오히려 절대로 포기하고 싶지 않은 물건이 추려진다는 것을 이해해야만 합니다. 갖고 싶은 물건을 발견하고 '이걸 갖는다면 내 마음이 얼마나 풍족해질 수 있을까' 하고 판단할 수 있는 것이 바로 현명한 소비인 것입니다.

등잔 밑에 좋은 것이 있다

저는 작품이 팔리기 시작했을 무렵 가장 먼저 외제차를 샀습니다. 그게 멋있다고 생각했기 때문입니다. 지금 생각하면 어리석게 느껴집니다. 그러고 나서 다양한 체험과 경험을 쌓아 왔는데, '내가 무리해서 외제차를 타려는 이유는 무엇인가'라는 의문에 다다랐습니다. 사실 저는 차에는 아무런 흥미도 없고, 옵션이니 성능이니 잘 알지도 못합니다. 그저 허세를 부리고 싶었을 뿐이었습니다.

때와 장소에 어울리는 것이 아름답습니다. **나에게 멋진 것이란, 무리를 해서 손에 넣은 것이 아니라 내 분수에 맞는 것입니다.**

내 분수에 맞는 것은 가까이에 있습니다. 그야말로 등잔 밑이 어두운 셈입니다. 여기서부터 시작하여 조금씩 발돋움해 보는 것입니다. 내 분수에 맞는 것에서 하나씩 단계를 올려가며 더 좋은 것들을 취하는 것입니다. 그렇게 조금씩 천천히 질 좋은 것이 몸에 익게 됩니다.

성실함 하나만으로도 빛나던 어린 스키점프 선수가 2억이나 되는 벤츠를 몰면서 파티를 즐기고 다니기 시작하여 세상 사람들에게 이런저런 말을 들었습니다. 분명 그 선수는 성숙한 어른이 되었을 때 부끄러운 마음으로 과거를 되돌아보겠죠. 하지만 이것은 갑자기 큰돈을 번 대부분의 사람이 가는 길입니다. 경험이 부족하기 때문에 아주 현명한 인생 설계를 세워 두지 않는 이상 그렇게 될 수밖에 없는 것입니다.

매일의 생활에서 행복을 이끌어낸다

맑은 날에 큰마음을 먹고 비싼 레스토랑에 가는 것은 즐거운 일입니다. 돈을 모아서 무언가 좋은 물건을 사는 것도 즐거운 일이죠. 하지만 정말로 질 좋은 것은 오히려 일상적으로 취해야 합니다. 평소에 좋은 것을 접하는 일이 몸에 배어 있지 않으면 어쩌다 한번 경험하게 될 때 제대로 즐길 수 없습니다.

"먹고살기가 이렇게 빡빡한데 그럴 여유가 있나요?"

이렇게 묻는 사람도 있습니다. 대단한 돈이나 시간을 쓰지 않아도 일상적으로 질 좋은 것을 취할 방법은 얼마든지 있습니다.

오히려 절약하면서 아름다운 생활을 지속하는 즐거움은 창조적입니다. 죽을 때까지 읽고 싶은 고전 책은 중고서점에서 저렴한 가격으로 살 수 있습니다. 일류 음악회에 가려면 그에 상응하는 티켓 요금을 지불해야 하지만, 같은 뮤지션의 명연주는 인터넷에서도 무료로 들을 수 있습니다. 영화나 미술관에도 서비스 데이나 우대 특전이 있어서 저렴하게 볼 수 있습니다.

미술관 투어에서 얻은 안목과 지식으로 내 분수에 맞게 매일 티타임에 사용할 빈티지 그릇 사기. 비싼 돈을 지불하고 콘서트에는 갈 수 없더라도 어릴 적부터 십수 년씩 꾸준히 연습하는 연주자들의 CD를 사서 반복해서 듣기. 고명한 화가의 원작을 사지는 못하더라도 명화집 구입하기.

여기서 제가 강조하고 싶은 것은 매일 정성스러운 삶을 살라는 것입니다. 매일 정성스럽게 만들어 먹는 반찬이 맛있기 때문에 비로소 고급 레스토랑에 갔을 때 그것이 좋다는 것을 알 수 있는 것입니다. 평소에 컵라면이나 편의점 도시락으로 대충 식사를 때우는 사람이 갑자기 고급 레스토랑에 간다고 해도 진심으로 식사를 즐길 수 있을 리 없습니다. **고가의 물건에 둘러싸여 있지 않아도 '매일의 생활에서 행복을 이끌어내는 능력'**

을 갈고닦는 것, 이것이 매우 중요합니다. '매일의 생활에서 불만만 발견하는 능력'이 뛰어난 사람이 되면 인생은 시시해져 버립니다.

그리고 인생이 시시한 사람은 타인을 얕보기 시작합니다. 인생이 시시한 사람의 눈에는 다른 사람의 결점만 보입니다. 일상의 행복을 아는 것은, 다시 말해서 인생 그 자체를 더 좋은 것으로 만드는 과정입니다. 정성스럽게 사는 게 더 어렵고 대충 사는 게 더 쉬운 법이지만 인생 전반을 놓고 봤을 때 어느 것이 더 좋을까요? 대충 사는 삶, 대충 맺는 인간관계, 대충 하는 일. 이것이 지속되면 정신적으로도 육체적으로도 활력이 하나도 없이 지칩니다. 결국은 '정성스러움'이 가장 편안합니다.

그러나 매일을 정성스럽게 살 수는 없습니다. 저 또한 아내와 함께 때로는 배달 음식을 주문하고 때로는 햄버거 가게에서 젊은 사람들 사이에 섞여 식사를 합니다. 정성스러운 삶의 기본은 전혀 여유가 없는 것이 아니라 즐겁게, 무리하지 않고 정성스럽게 생활하는 것입니다. 그렇게 살기 위해서는 세상의 상식에 얽매여서는 안 됩니다.

세련된 것은 차갑다

세련된 것에는 늘 어딘가 차가움이 숨어 있습니다. 예전에 한동안 영국식 정원 가꾸기가 유행한 적이 있는데, 전문가로 알려진 어떤 여성이 TV에 나와서 여러 방법을 소개해 주었습니다. 그 여성은 따스한 언행의 소유자였지만 "여기에 이 꽃은 안 어울려요", "이 꽃은 시들기 시작했으니 바꿔 주세요" 하며 가차 없이 꽃들을 가려냈습니다. 그렇게 엄선한 꽃들을 배치하여 아름다운 정원을 만들어가는 모습이 아주 냉철해 보였습니다. 세련을 추구하면 태도가 냉철해집니다. 1000가지 중에서 좋아 보이는 것 하나를 선택하기 위해 999가지의 것을 버리는 것입니다.

하지만 이 과정에서 유의해야 하는 것은 다른 사람의 취향에 대해서 이해하지 않아도 되지만 부정해서는 안 된다는 점입니다. 로마의 세련된 길모퉁이에는 일본 캐릭터 키티(Kitty)의 가게가 이채로움을 뽐내고 있었습니다. 일본 전역에서는 귀여운 캐릭터들이 돈을 벌어들이고 있습니다. 저는 그런 캐릭터들의 귀여움을 주안으로 하는 사람들과 미에 대한 가치관이 다르다고 말할 수 있습니다. 하지만 비판하고 싶은 마음은 없습니다.

제 본질은 귀여움보다 아름다움을, 아름다움보다는 단정함을 추구합니다. 트위터상에서도 그런 제 성질을 모르는 분들과 때로는 가치관의 차이로 대립할 때가 있습니다. 분명하게 말하자면 저는 유치한 취미에 흥미가 없습니다. 소박함과 유치함의 차이조차 이해하지 못하는 사람들과 미에 대해 이야기할 수 있을 리 없습니다.

수년 전의 일인데 겨울의 오쿠타마에 아내와 드라이브를 하러 간 적이 있습니다. 돌아오는 길에는 지도를 잘못 보는 바람에 간선도로에서 좁은 옛날 시골길로 들어섰는데, 어쩔 수 없이 계속 앞으로 나갈 수밖에 없게 되었습니다. 그때 우연히 간선도로변에서 짐을 싣던 대형 트럭의 운전수가 저희를 도와주었습니다. 하던 일을 멈추고 일부러 시골길의 굽은 곳까지 차의 상태를 보러와 주고, 프로 운전수답게 훌륭하게 운전대를 돌려 차를 간선도로까지 빼내어 주었습니다.

겨울의 오쿠타마는 정말 추웠습니다. 그 운전수는 "추우실 테니 제 차 안에서 기다려 주세요" 하며 저희를 트럭에 태워 주었습니다. 그 트럭 안에서는 하마사키 아유미의 노래가 흘러나왔고, 그녀의 굿즈가 사방에 상식되어 있었습니다. 솔직히 말해서 재즈나 클래식 음악을 좋아하는 제 입장에서는 친숙한 음악은 아니었습니다.

제가 이 운전수와 음악에 대해 서로 이야기를 나눌 순 없을지 모르지만 그의 따뜻한 성격과 배려심을 봤을 때 그 외의 많은 것에 대해서는 이야기할 수 있을 거라고 생각했습니다. 실제로 그분과는 그때 연락처를 교환해서 지금도 연락을 주고받는 친구가 되었습니다. 아무래도 차에 대해 잘 알기 때문에 차에 대해 이런저런 상담을 하기도 하고, 태어난 지 얼마 안 된 그의 아이와 부부 동반으로 저희집에 놀러오기도 합니다. 그때 만나지 않았다면 분명 평생 만날 일은 없었을 사람이었겠지요.

패션에 취미가 있는 사람 입장에서 촌스러운 사람은 전부 부정하고 싶을 것입니다. 또한, 클래식 음악에 흥미가 있는 사람은 아이돌 음악을 듣는 사람을 전부 부정하기 쉽습니다. 하지만 그렇게 해서는 사람에 대한 이해가 깊어질 수 없습니다.

어떤 사람을 A라는 시점에서 보면 마음에 안 들지 모르지만, B라는 시점에서 바라보면 분명 좋아하는 구석이 있는 법입니다. 특정 주제 때문에 사람의 인격을 전부 부정하지 않는 것이 얼마나 중요한지를 늘 마음 한편에 새겨 두어야 합니다. **사람을 가점법으로 판단하는 사람과 감점법으로 판단하는 사람이 있습니다. 사람의 결점을 들춰내는 감점법보다는 사람의 아름다운 점을 발견해내는 가점법이 인생을 풍요롭게 만들 수 있습니다.**

저는 가점법에서 더 나아가 한 가지를 돌파하는 스타일이라 열 가지 중 하나라도 좋은 점이 있다면 나머지가 형편없어도 그 사람에게 홀려 버립니다. '하나가 별로면 전부 별로다'라고 생각하는 편보다는 훨씬 낫다고 저는 믿고 있습니다.

자신을 이해하고
타인을 이해한다

우리는 살아가면서 자신의 성질을 알아갑니다. 그것을 바꾸려고 노력해 보기도 하지만 점점 거스르지 않게 됩니다. 결국 타고난 성질은 바뀌지 않기 때문에 있는 그대로 인정하는 것이 가장 살기 쉬운 방법입니다. 깔끔하게 정리하는 재주가 없다면 처음부터 물건을 늘리지 않으면 됩니다. 약속을 잡는 게 싫으면 애초에 약속을 잡지 말고 사람들과 느긋하게 어울리면 됩니다.

타고난 성격이나 성질은 평생 바뀌지 않습니다. 적절한 대처 방법을 어른이 되는 과정에서 배울 뿐입니다. 어떤 일이 일어났을 때 감정을 받아들이는 최초의 방식은 어릴 때와 똑같습니다. 따라서 자신의 성격이나 성질을 바꾸려고 하기보다는 자신이 타고난 것들을 이해해 주는 사람이나 장소를 찾는 것이 인생을 훨씬 편하게 살아가는 방법입니다. 긍정적인 면, 부정적인 면 모두 포함해서 자신의 있는 그대로의 모습을 이해해 주는 친구 혹은 가족이 있다면 열심히 살아갈 수 있습니다. 자신 있는 분야에서 살아가면 되는 것입니다.

사회생활을 하다 보면 하기 싫은 일을 반드시 해야 할 때가 종종 찾아옵니다. 학교에 다닐 때는 훈련이라고 생각하고 자신의 성질과 잘 안 맞는 일도 해내야 하는데, 어른이 되면 그 재량은 자유입니다. 다만 '책임을 져야 하는 것은 나'라는 각오가 필요합니다.

공부를 좋아하는 사람 중에는 기초 연구를 잘하는 사람이 있는가 하면 응용을 잘하는 사람도 있습니다. 패션을 좋아하는 사람 중에는 만들기를 좋아하는 사람이 있는가 하면 입기를 좋아하는 사람도 있습니다. 다른 사람에게 폐를 끼치지 않는 한 내 마음이 가는 대로 살아가면 되는 것입니다.

그리고 내가 잘하는 것을 다른 사람이 못한다고 해서 내가 그보다 훌륭하다는 둥 우쭐하지 않아야 합니다. 하나를 잘 못하면 모든 것을 못한다고 생각하는 인간 평가가 저는 싫습니다. 그저 '저 사람의 이런 점이 훌륭하다고 생각해', '나는 이런 면이 멋져'라고 생각하면 되는 것입니다.

삶의 방식은
스스로 정해야 한다

제 지인 중에 유명한 건축가에게 부탁해서 가마쿠라에 집은 지은 사람이 있습니다. 결론부터 말하자면 완전히 실패한 집이었습니다. 왜냐하면 건축가가 하자는 대로 지은, 외관은 아주 멋지지만 사실 전혀 실용적이지 못한 집이었기 때문입니다. 가족 구성원은 모두 고령자이고 지인은 어렸을 때부터 다리에 장애가 있었습니다. 그런데 집의 중심에 있는 것은 아주 멋진 나선형 계단이었습니다. 건축가도 이건 좀 아니라고 생각했는지 엘리베이터를 설치했지만 태풍이 올 때마다 물에 잠겨 벌써 수리를 몇 번이나 했는지 모른다고 합니다.

또, 지인은 요리 교실을 운영하고 있었는데, 집의 크기에 비해 주방이 너무 작았고, 커다란 냄비를 조리용 버너에 올렸더니 기울어져서 내용물이 바닥에 다 쏟아져 버리기 일쑤였습니다. 수납장은 높은 곳에만 있어서 그렇지 않아도 좁은 주방에 작은 사다리를 꼭 두어야 했습니다.

그리고 가장 놀란 점은 가마쿠라 산 중턱부터 에노시마의 바다를 바라보는 좋은 입지에 매료돼 토지를 골랐음에도 집 외벽을 미늘창(끝이 나뭇가지처럼 둘 또는 세 가닥으로 갈라진 창—옮긴이)으로 둘러싸 바깥 풍경이 전혀 보이지 않게끔 디자인했다는 것입니다. 미늘창은 청소도 직접 할 수 없어서 업자에게 부탁해야만 합니다. 그 외에도 예를 들자면 끝이 없을 정도라고 합니다. 언뜻 보면 멋지지만 심각한 결함이 있는 주택이 탄생해 버린 것이죠.

왜 그런 일이 벌어졌을까요? 유명 건축가라는 브랜드를 믿고 맡겼기 때문입니다. 집이라는 일생에서 가장 중요한 쇼핑을 남에게 맡긴 게 원인이었던 것입니다. 자신이 죽을 때까지 어떤 집에서, 어떤 모습으로 살 것인지 고심하고 또 고심하여 의견을 주장한 것이 아니라 건축가에게 통째로 맡겨 버린 셈입니다.

얼마 후 뛰어난 미의식으로 유명한 인물이 동일한 건축가에게 부탁해 집을 지었습니다. 완성된 집은 아주 멋졌고 여러 차례 건축 잡지에 실렸습니다. 집을 지으며 있었던 일들에 대해서도 이야기를 들었는데, 건축가와 상당히 오랜 기간 논의를 하고 싸우기도 했다고 합니다.

내가 살아갈 집을 지을 때에는 그만큼 강한 의지로 임하지 않으면 자신의 이상에 가까운 집은 지을 수 없는 법입니다. 인생의 중반을 지나서도 자신의 미의식을 형태로 만드는 수단을 알지 못하면, 그게 무슨 인생인가 하는 생각이 듭니다. 지금까지 쌓아 온 지견과 경험치를 활용하여 내가 살고자 하는 모습과 방식을 실현하는 것이 가치 있는 행동 아닐까요?

언제 어디서나 통하는 어른의 태도

저는 다도를 좋아해서 종종 다실에 갑니다. 차를 내리는 행위에는 사람의 성격이 여실히 드러난다고 생각합니다. 바를 다니는 것도 일과인데, 술을 만드는 모습이 아름다운 바텐더에게 홀립니다. 길을 가다가 매너 있는 운전자를 봤을 때도 마찬가지입니다. 그들에게서 공통적으로 발견할 수 있는 특징은 '여유'가 있다는 것입니다. 이것이 바로 어른의 태도 아닐까요?

여유가 있다는 것은 서두르지 않는다는 것입니다. 여유가 없는 사람은 초조해서 맛있는 차 한 잔을 제대로 내릴 수 없습니다. 여유 있는 사람의 태도는 내면에서 자연스럽게 배어 나오는 법입니다. 어른의 다정함이나 여유는 자세, 몸짓, 말투, 미소에서 드러납니다. 특히 다정하고 여유로운 사람들은 말투가 차분하고 안정적입니다.

마음이 황폐해졌을 때 그 감정을 가장 먼저 보여주는 것은 외관이 아니라 목소리 혹은 말투입니다. 기분이 좋고 나쁨에 따라 말투가 달라지거나 목소리가 거칠어지는 것은 여유가 없는 사람들의 특징입니다.

친절함은 근성입니다. 기분에 따라 일시적으로 다정하게 굴거나 화를 내는 사람을 보면 어떤가요? 대부분 상대하고 싶지 않습니다. 따라서 나 또한 어떤 식으로 말하고 있는지 늘 신경 써야 합니다. 다른 사람이 알아채기 전에 자신의 마음이 황폐하다는 것을 자각할 수 있습니다. 아직 상처가 얕을 때 스스로 깨달을 수 있는 것입니다.

주위에서 칭찬을 듣고 인기 있는 사람들은 공통점이 있습니다. 그들은 다른 사람의 험담을 하지 않습니다. 다른 사람의 험담을 하는 것은 '나는 다른 사람의 험담을 하는 인간'이라고 스스로 험담을 퍼뜨리는 것과 다를 바가 없습니다.

다른 사람을 매료시키는 사람은 얼굴이 전부가 아닙니다. 마음이 전부입니다. 마음은 표정에 드러납니다. 삶의 방식은 얼굴에 드러납니다. 특히 나이가 들면 아무리 겉모습을 그럴듯하게 꾸며도 어떻게 살아왔는지가 얼굴에 모조리 드러납니다. 얼굴은 운명이지만 표정은 운명을 개척한 증표인 것입니다.

매력적인 사람이 되는 세 가지 행동

'책을 읽어서 지식을 얻고, 여행을 가서 행동하면 지식이 지혜로 바뀌고, 다른 사람의 험담을 하지 않는 것은 인격을 드러낸다.' 적어도 제 주변의 매력적인 사람들은 이 세 가지 모두에 해당합니다. 성숙한 어른이 되기 위해서 가장 먼저 해야 하는 것들이 아닐까요? 어느 것도 그리 힘든 일이 아닙니다.

가끔 제가 쓴 트윗에 대해서 아주 극단적인 의견이 담긴 답장을 받을 때가 있는데, 그 사람들의 트위터를 들여다보면 이 세 가지 모두에 해당하지 않는다는 공통점이 있습니다. 그들은 지적 호기심이 없는 대신 유명인에게 유치한 호기심을 품고 있고, 다른 사람의 험담을 하며, 자신이 지금 처한 환경을 한탄할 뿐 행동으로는 옮기지 않습니다. 그들은 입버릇처럼 '시시하다'든가 '뭐가 재밌다는 건지 모르겠다'고 말합니다. 그렇다고 그들이 하는 이야기가 재미있지도 않습니다.

자신을 둘러싼 세계나 사람들이 재미없는 것이 아니라 본인이 시시한 사람인 것입니다. 직감적으로 그들은 컴퓨터라는 작은 창을 통해 세계를 바라보는 데 지나치게 익숙해져 있는 것이 아닌가 하는 생각이 듭니다. 이렇게 생각하는 데에는 근거가 있습니다. 그들은 자신의 이야기밖에 하지 않습니다. 매일 수십 회씩 업로드하는 트윗을 보면 놀라울 만큼 다른 사람의 자취를 찾아보기 힘듭니다.

성숙한 사람은 어떠한 목적이 있어서 그 수단으로써 인터넷을 사용합니다. 하지만 그들은 인터넷 그 자체가 목적입니다. 그들은 컴퓨터의 작은 창에서 나와 밖으로 나가야만 합니다. 하지만 그들에게는 변명거리가 있을 것입니다. 어른이 되고 나서 인터넷을 접하거나 부모가 적절한 사용 방법을 지도하는 등 어느 정도 제재가 이루어지면 좋겠지만, 이른바 디지털 네이티브라 불리는 세대의 입장에서는 아주 어렸을 때부터 인터넷이라는 최고로 즐거운 장난감을 갖고 놀았습니다. 따라서 밖에 나가지 않아도 충분히 즐거운 생활을 할 수 있다고 굳게 믿어도 이상하지 않은 것입니다.

어른들조차 SNS에 푹 빠져 있습니다. 하지만 성숙한 어른에게 그것은 하나의 도구일 뿐입니다. 인터넷을 사용하다 보면 '논어를 읽되 논어를 모르는' 사람이 늘어납니다. 직접 체험하고 있지 않기 때문에 당연히 깊게 이해하지는 못하더라도 아는 것처럼 행동할 수 있는 것이 바로 인터넷의 무서운 측면입니다. 실제로 어떤 책을 열독한 적은 없지만 책 제목은 알고 있어서 마치 읽은 것처럼 행동하는 것이죠.

인터넷에서 얻을 수 있는 것은 거대한 세계의 극히 일부에 지나지 않습니다. 하지만 그 일부가 생활의 전부라고 말하는 사람들도 있습니다. 인터넷 없는 삶으로는 이제 돌아갈 수 없기 때문에 공존의 방법을 모색해야겠지요. **책을 읽고, 여행을 떠나 자신의 세계를 확장하고 세상을 경험해야 비로소 내가 온몸으로 안다고 말할 수 있는 것이 생깁니다. 그것을 기록하고 공유하는 용도로 SNS를 활용한다면 무색무취의 사람이 무지갯빛으로 빛나게 될 것입니다.**

작은 감동을
서로 공유할 수 있다는 것이 기쁨

제가 아는 한 청년의 조부가 돌아가셨을 때 그로부터 마음에 깊은 울림을 준 이야기를 들었습니다. 90대인 할아버지의 유영(고인의 진영—옮긴이) 앞에서 80대 전후의 할머니가 '마지막까지 당신을 좋아하지 못했어'라고 말했다고 합니다. 하지만 할머니는 눈물을 흘리고 있었다고 합니다.

사람이 사람을 사랑한다는 것은 장렬한 일이라고 생각했습니다. '이제 이 사람밖에 없다'고 마음 깊은 곳에서부터 사랑하고 성대한 결혼식을 올려도 수년 후에 이혼하는 일은 드물지 않습니다. 그 반대도 마찬가지입니다. 주변 사람들이 금방 헤어질 것 같다고 생각했던 부부가 평생 백년해로하는 경우도 있습니다. 한마디로 말하자면, 문제가 없는 사랑 같은 건 존재하지 않는다는 말입니다.

그 문제를 깔끔하게 포기하고 헤어질 것인가, 극복할 것인가. 어느 쪽이 더 옳고 그르냐의 문제가 아닙니다. 관계를 오래 지속하는 것이 좋다고들 생각하지만, 경우에 따라서는 헤어지는 편이 더 나은 부부도 있을 것입니다.

연애나 결혼의 조건으로 연봉이나 외모, 학벌을 요구하는 것은 지당하지만 더욱 중요한 것은 이런 게 아닐까 싶습니다. 맛있는 것을 먹을 때 그 사람에게도 먹여 주고 싶다든가, 아름다운 경치를 보면 그 사람 생각이 난다든가, 좋은 음악을 들으면 그 사람에게 들려주고 싶다든가 하는 것. 이런 마음이 있느냐 없느냐는 누군가와 관계를 이어갈 때 매우 중요합니다. 사랑은 균형, 물리적인 균형이 아니라 영혼의 균형이 잘 잡힌 사람끼리 엮이는 것이 가장 좋습니다.

사랑이 없으면 일그러진다

사람은 어렸을 적에 부모로부터 무조건적인 사랑을 받고 스스로를 긍정하는 체험을 하지 않으면 후일의 인생에서 사랑을 긍정하는 데 비정상적인 노력이 필요합니다.

사람으로서 애정을 받고 자란 사람은 행복합니다. 어째서 그렇게 단언할 수 있는가 하면 제가 그렇지 않았기 때문입니다. 저는 어렸을 적 본가에 남자아이가 태어나지 않아서 양자로 들어왔습니다. 본가에서의 생활은 경제적으로는 여유로웠지만 애정이라는 기준에서는 축복받지 못했습니다. 도우미 아주머니가 옆에서 하나부터 열까지 챙겨 주셨지만 아버지나

어머니와는 요즘 말로 스킨십 같은 것은 전혀 없었습니다. 아버지는 피를 나눈 먼 누이동생들이 어머니에게 응석을 부리는 모습을 차가운 눈으로 바라보았습니다. 부모님들은 저를 혼내는 법이 없었고, 다른 사람에게 꾸짖음을 당하는 일도 없었습니다. 혼내지 않는다는 것은 제게 흥미가 없다는 것입니다.

그런 식의 교육을 받고 자라면 사랑에 대한 의심이 깊은 청년이 됩니다. 나름대로 연애도 했지만 늘 어딘가에서 사랑을 의심했습니다. 유일하게 그 양육 방식이 좋은 방향을 향했던 것은 애정이 희박한 가정에서 자랐다는 콤플렉스가 글로서 무언가를 표현하는 데 원동력이 되었다는 점입니다.

콤플렉스가 강했던 그 무렵에는 정말로 어머니는 나를 무조건적으로 사랑하는 것인지를 시험하는 듯한 태도를 취하기도 했습니다. 아주 무례하고 매정한 짓을 했다는 생각에 지금도 후회가 막심합니다. 인간을 전혀 믿지 못했던 것입니다. 하지만 무조건적으로 사랑받은 경험이 없으면 정말로 사람으로서 마음이 일그러져 버립니다. 그리고 자신에게 그러한 환경을 제공한 사람들을 원망합니다.

사랑받고 긍정적으로 자란 사람은 스스로에게 자신감이 있기 때문에 표정이나 몸짓이 아주 자연스러우면서 매력적이고,

사랑받는 데 익숙하기도 해서 그것을 의심하지 않기 때문에 사람들과 잘 어울립니다. 다른 사람에게 사랑받은 만큼 똑같이 다른 사람을 사랑할 수 있기 때문에 더욱더 사랑받습니다. 사랑받지 않고 자란 사람은 이와 정반대로 음의 루프를 돌고 돕니다.

저는 언뜻 자신감이 넘쳐 보일지 몰라도 다른 사람과 어울리는 방식이나 사랑하는 방식을 잘 알지 못하는 형편없는 남자였다고 생각합니다. 지금 생각하면 그 무렵의 저는 강인한 사람이 아니었습니다. **강인한 사람은 다른 사람을 용서할 수 있습니다. 약한 사람일수록 상대방을 용서할 수 없습니다.**

최근에 크게 공감했던 말이 있습니다. '용서는 과거와의 결별'이라는 말입니다. 교토에 거주 중인 영국인 여성 베니시아 씨의 말입니다. 저도 단계를 거쳐 일그러진 부분들을 조금씩 고쳐 나가며, 과거를 과거의 것으로서 결별해 나갔습니다. 나이가 들면서 내 환경도, 이런저런 사람들도 용서할 수 있게 된 것입니다. 처음에는 포기와 비슷한 감정이었지만 '용서하자'는 마음을 먹을 수 있게 되었습니다.

그리고 더 중요한 점을 깨달았습니다. 저도 다른 사람에게 용서받고 있다는 것입니다. 사랑에 관해서 '힘든 일을 겪으면 인생의 양식이 된다'는 말은 옳지 않습니다. 반복해서 아내에게 폭력을 휘두르는 남자나, 바람을 피는 반려자는 만나지 않는 게 좋았을 것입니다. 이전에 사랑 때문에 고생한 사람이 지금 행복하다고 해도 그것은 상관관계일 뿐이지 인과관계는 아닙니다.

처음부터 사람을 잘 볼 줄 알고 성숙한 태도로 사랑할 줄 알아서 고생 같은 건 겪지 않았다면 좋았겠지만, 그 모든 시간을 지나서 지금의 나로 성장했습니다. 마음의 회복이 필요하다면 자신에게 충분히 시간을 주고 한층 성숙한 태도로 나에게 맞는 사랑하면 됩니다.

사람에게는 각자 다른 사랑의 환경이 있습니다. 내가 사랑을 듬뿍 받고 구김살 없이 자란 사람이 아니더라도, 살아가면서 내가 무엇을 깨닫느냐에 따라 나를 채워 주는 사랑을 발견할 수 있습니다.

가까운 사람에게는
더욱 정중하게 대하라

저는 가장 가까운 사람에게는 더더욱 말을 조심하려 합니다. 가까운 사람에게는 자신도 모르게 말을 함부로 할 때가 있기 때문입니다. 함께 보내는 시간이 아무래도 많다 보니 조심하려고 해도 방심하고 생각 없이 말할 때가 있어서 상대방을 화나게 만들기도 합니다. 그래서 평소에 어떤 말습관을 가지고 있는지가 중요한 것입니다.

대화가 자주 삐걱거린다면 자신의 말습관을 돌아봐야 합니다. 말 한마디가 큰 싸움의 불씨가 되기도 하니까요. 말을 예쁘게 하는 습관이 있다면 무의식중에도 그것이 배어 나옵니다. 만약 싸우게 되더라도 서로에게 상처를 주는 말을 하지 않고 수습할 수 있습니다.

저와 아내는 60퍼센트는 존댓말, 40퍼센트 정도는 농담 섞인 편안한 말을 주고받습니다. 사이가 가까운 부부 사이임에도 존댓말을 쓰면 이점이 있습니다. 존댓말로는 말싸움이 되지 않아서 아이뿐만 아니라 제삼자에게 그런 모습을 보일 일이 없다는 것입니다. 듣기 거북한 욕을 들어야 하는 것만큼 불쾌한 경험은 또 없습니다.

서로 예쁜 말을 주고받으면 당사자뿐만 아니라 주변 사람들도 모두 행복할 수 있습니다. 무엇보다도 기분 내키는 대로 큰 목소리를 내거나 거친 말을 쓰면 나중에 반드시 깊은 자기혐오에 빠집니다. 다른 사람에게 상처를 입힐 뿐만 아니라 스스로도 상처를 입습니다. 말을 살피는 일은 인생을 살피는 일이기도 합니다.

사랑은 그 사람의 행복을 바라는 것

결혼을 하지 않겠다고 선언한 친구가 하나 있었습니다. 그 이유는 자신의 시간이나 힘들게 모은 돈을 누군가를 위해 쓰고 싶지 않다는 것이었습니다. 얼마든지 다양한 사고방식이 존재할 수 있다고 생각하기 때문에 저는 그를 부정적으로 바라보지 않았습니다. 그러나 그것이 너무 허무주의스러운 사고방식이라는 생각이 드는 것 또한 사실이었습니다. 마치 다른 사람의 집에 초대받았는데 자신이 먹을 만큼만 케이크를 사들고 가는 것 같았달까요.

오로지 자신으로 가득 차 있던 마음속에 다른 사람을 위한 자리

를 비워 두는 것. 그것이 다른 사람과의 만남이자 사랑입니다. 상대방을 위해 나의 시간이나 마음을 비워 두는 여유를 가질 수 없다면 사랑하는 사람을 행복하게 할 수 없습니다. 사랑하는 사람의 행복이 나에게 손해일 리가 없다는 것을 깨달아야 합니다. 내가 마음과 시간과 돈을 쓴 것처럼, 상대방도 마찬가지로 나를 위해 마음과 시간과 돈을 써 줄 테니 말입니다.

또 다른 친구는 아이 없는 삶을 택했습니다. 아이를 키우느라 인생의 중요한 시간을 빼앗기고 싶지 않고, 아무리 자신의 아이라고는 해도 평생 책임지고 싶지 않기 때문이라고 합니다. 그리고 가장 큰 이유는 자신이 부모와 좋은 관계를 쌓지 못한 탓에 아이를 갖는 데 거부감을 느낀다고 합니다.

그렇다고 아이를 싫어하는 것은 아니고, 단지 자신의 아이를 낳을 생각이 없는 것이어서, 아동 보호시설을 후원한다고 합니다. 종종 아이들에게서 감사 편지가 온다고 하는데, 매년 글솜씨가 늘어서 내용이 더 충실해지고 있다며 기뻐했습니다. 일반적이지는 않지만 그 친구가 할 수 있는 훌륭한 양육이라고 생각합니다. 형태가 어떻든 다른 사람에게 주는 사랑만이 나에게 남는 사랑입니다.

5장

•

나이듦에 대하여

어떤 노인이 될지는
지금의 나에게 달려 있다

'나이가 든다는 것은 진화하는 것'임을 깨닫지 못한다면 나
이듦은 언제나 무서운 일일 것입니다. 세상을 보이는 것만으
로 판단해서는 안 된다는 점을 사람들에게 꼭 전하고 싶습니
다. 노인은 분명 눈에 띄게 쇠약해지고, 완고해지며, 노병사를
연상시키는 존재입니다. '저렇게는 되고 싶지 않다'는 생각이
들게 하는 존재죠. 하지만 나이가 든다는 것은 우리 모두가 겪
는 일이고, 젊음을 잃은 대신 얻는 것도 있습니다. 나이 든 사
람이 얻을 수 있는 것은 젊은 사람 눈에는 잘 보이지 않는데,
정말로 중요한 것은 보이지 않는 곳에 있는 법입니다.

지금 제 주변을 둘러보면 이미 세상을 떠난 사람, 치매에 걸린 사람, 투병 중인 사람도 있지만, 수천 미터에 달하는 산에 오르는 사람, 젊은 사람들과 밴드를 꾸려 일본 각지를 순회하는 뮤지션처럼 다양한 사람들이 있습니다. 제가 나이가 들어 얻은 깨달음은 사람은 나이가 들어 무언가를 배우고 멋진 노인이 되는 것이 아니라 젊었을 때부터 멋진 사람이 나이가 들어서도 멋진 노인이 된다는 것입니다.

어떤 노인이 될 것인가는 이미 젊을 때 판가름나는 것입니다. 나이가 드는 것을 두려워한다는 것은 지금의 나에게 자신이 없다는 것입니다. 노병사는 피하기 어려운 일이지만 멋지게 사는 것은 마음먹기에 달려 있습니다. 예전에 인터넷에서 이런 문구를 본 적이 있습니다.

"노후를 위해서 뭐든 참는 인생은 이미 노후를 보내고 있는 것과도 같다."

장래의 노화에 대한 공포 때문에 현재의 젊음을 희생하는 것은 어리석은 짓입니다.

지금의 나는
지난 시간의 결과

젊음을 바람직하게 졸업해 나가는 것은 매우 중요한 일입니다. 아저씨, 아줌마가 된다는 것에 저항하기보다는 멋진 아저씨, 아줌마가 되기 위해 노력하는 편이 좋습니다. 나이듦을 받아들이지 못해서 인생을 어렵게 만들고 멋없는 어른이 되어서는 안 된다고 늘 느낍니다. 젊음을 제대로 졸업하지 못한 노인은 젊은이를 기괴하게 복제한 결과입니다.

노화를 받아들인다는 것은 감성의 영역이 아니라 지성의 영역입니다. 다른 사람에게 이렇게 보였으면 하는 나와 '실제의 나'의 차이가 작으면 작을수록 성숙한 어른에 가까워집니다.

종종 부모의 마음에서 아이가 천천히 자라길 바라는 것처럼 노화도 천천히 있는 그대로 받아들여 나가면 되는 것입니다. 그렇다면 묻겠습니다. 지금의 나에게 만족하고 있나요? 불만투성이인가요? 지금의 나는 선택을 거듭해 온 결과입니다.

아직 50세밖에 되지 않은 친구를 만났을 때 윗니가 모두 틀니라는 말을 듣고 놀란 적이 있습니다. 그 이야기를 치과의사 친구에게 했더니 그렇게 드문 일은 아니라고 합니다. 그는 "입 안을 들여다보면 그 사람이 지금까지 어떤 생활을 했고 성격이 어떤지를 알 수 있다"고 했는데, 고개가 끄덕여졌습니다.

한편, 안과의사와 이야기를 나눴을 때에도 최근 눈이 나쁜 젊은이들이 놀라울 만큼 많아져서 나이가 들었을 때 의학이 엄청나게 진보하지 않는 한 눈 때문에 고생하는 사람이 계속 늘어날 거라는 대답을 들었습니다.

제 친구 중에 당뇨병이 악화되어 입원한 남성이 있습니다. 그의 할아버지도, 어머니도 당뇨병이 악화되어 세상을 떠났는데, 당뇨병이 유전이라는 것을 알면서도 식사를 제한하지 못했습니다. 수차례 다이어트에 도전했지만 요요 현상을 거듭하며 점점 악화되었습니다. 알콜의존증으로 고생하고 있는 지인도 있습니다. 그들의 공통점은 그 지경에 이를 때까지 다시 돌아갈 수 있는 기회가 여러 번 있었음에도 불구하고 자신도 모르게 그 상태를 지속했다는 점입니다.

인생에는 '다시 돌아올 수 있는 선'이 있습니다. 인간관계든 구질구질함이든 병이든 뭐든 똑같습니다. 다시 돌아올 수 있는 경계선에서 깨닫지 못하면 원래 있던 자리로는 영영 되돌아가지 못합니다. 그 선을 넘어 버리면 원래의 인생으로는 돌아갈 수 없는 것입니다. 니체는 '위험하게 살라'고 말했지만 넘어갔다가 돌아올 수 없다면 그저 무모한 짓일 뿐입니다.

하지만 앞서 예로 들었듯 사람은 치아나 눈, 질병처럼 천천히, 그러나 확실하게 진행되는 것에 판단이 흐려져 버립니다. 지금은 이대로 어떻게든 되고 있다는 것이 방심하는 가장 큰 원인이겠죠. 지금의 나의 선택이 장래의 나를 만든다는 데 의식을 기울이지 않으면, 되는 대로 살아가는 나밖에 되지 못합니다.

자신의 의지로 노인이 된다

어릴 때부터 우리는 의무적으로 학교에 다니고, 자라서는 대학에 가고, 취직을 하는 등 거의 비슷한 루트대로 환경이 바뀌기 때문에 어찌 됐든 어른이 되는 계단을 오를 수밖에 없습니다. 일단 어른의 세계에 들어선 뒤에 스스로의 힘으로 사고방식이나 마음의 존재 방식을 재설정해서 점차 성숙해져야 하는 것이지요. 어른이 되려고 해서 어른이 되는 것이 아니라 아이로 있을 수 없어서 등 떠밀리듯 어른이 되었을 뿐인 어른이 많은 것입니다. 우리는 청춘을 지나오면서 그저 정해진 대로 살아가는 것이 아니라, 자신의 의지로 삶의 가치를 실현하는 사람이 되기로 마음먹습니다. 내가 원하는 모습으로 살아가기 위해서는 강한 의지가 필요합니다.

그 강한 의지를 지속시키는 것은 무언가에 대한 정열입니다. 하지만 정열은 일정 시기가 되었다고 해서 '자, 이제 좋아하는 일을 하자' 하고 갑자기 솟아오르는 것은 아닙니다. 정열은 젊었을 때부터 쌓아 온 '즐거움에 집중한 경험'에 의한 것입니다.

젊은 시절에는 집중할 대상이 한순간의 해일처럼 찾아옵니다. 어떤 때는 책을 읽는 것이었다가, 여행이었다가, 무언가를 수집하는 것이 되기도 합니다. 이러한 대상은 나의 일상과 살아가는 방식에 따라서 달라집니다. 바로 이런 경험들이 쌓이고 쌓여서 나이가 들어 기력이 쇠했을 때 회복할 수 있는 계기가 되는 것입니다. '뭔가 재미있는 일 없을까?' 하고 '기다리는 노인'이 되어서는 안 됩니다. '뭔가 재미있는 일 없을까' 하고 '찾아 나서는 노인'이 되어야 합니다.

생산을 그만두면 늙는다

노인뿐만이 아니라 젊은 사람도 생산 활동을 그만두면 정신이 급속도로 늙어 갑니다. 생산이란 실제로 무언가를 만들어내는 것뿐만 아니라 정신적인 생산도 포함합니다. 삶에 보람을 느끼는 제 주변 사람들은 예외 없이 무언가를 계속 생산하고 있습니다.

제 친구의 아내는 50대 중반에 들어서 갑자기 아무것도 하기가 싫고 일상의 모든 것이 의미 없게 느껴졌다고 합니다. 그녀의 웃는 모습을 더 이상 보기 힘들어진 주변 사람들은 모두 그녀를 걱정했습니다. 곁에서 보기에 그녀는 유복한 집에서 태어났고, 남편도 사회적 지위가 높은 직업을 갖고 있으며, 아이들도 좋은 대학을 졸업한 뒤 탄탄대로를 달리고 있었기 때문에 대체 무엇이 문제인지 의아했습니다. 고민 끝에 심리 상담을 받으러 간 그녀에게 의사는 "무언가 생산적인 일을 하고 있나요?"라고 물었다고 합니다. 잘 생각해 보니 그녀는 아이들이 독립한 뒤 남편과 둘만 남게 되자, 그 좋아하던 요리에도 흥미를 잃었고 아침에 일어났을 때 '오늘은 뭘 해야 되나' 하며 의욕이 바닥을 치는 날들이 계속되었다고 합니다.

의사는 그녀에게 매일 요리를 하고, 사진을 찍고, 그것을 SNS에 업로드해보라고 조언했습니다. 그렇게 실제로 행동에 옮겼더니 그녀의 요리를 따라서 만들어 보고 싶다는 댓글이 쇄도해 지금은 요리 교실을 열 정도로 되었고, 울적하던 마음에서 벗어났습니다.

'생산 활동을 해야 해' 하며 유난을 떨 필요는 없습니다. 작은 지식이나 체험, 지견을 늘리는 것이 중요합니다. 나이가 들어도 자신이 성장할 수 있다고 생각하는가, 아닌가의 차이입니다. 생산 활동을 통해 다른 사람에게 기쁨을 주고, 어느 정도의 수입까지 얻을 수 있다면 젊은 시절과는 또 다른 생산의 기쁨이 됩니다.

어제 본 TV 프로그램에서는 중증 게임중독 환자의 증가에 대해 다루고 있었습니다. 실제로 게임중독을 앓고 있는 젊은 이의 하루를 그대로 보여주었는데, 회사를 그만두고 세 평 남짓한 쉐어하우스에서 1년 반 동안 틀어박혀 게임에 푹 빠져 살고 있었습니다. 오후 늦게 일어나서 1일 1식으로 컵라면을 먹는 것 외에는 20시간 동안 계속 게임만 하다가, 해가 뜬 뒤에 자려고 누워도 좀처럼 잠들지 못했습니다. 어떤 여성은 연애 시뮬레이션 게임에 빠져 70만 엔 정도를 썼다고 했습니다.

그들의 생활에는 생산 자체가 없습니다. 그저 시간과 돈을 게임에만 소비하는 생활입니다. 분명 즐겁게 게임을 하고 있을 그들의 모습이 너무나 괴로워 보였습니다. 젊디 젊은 그들은 이미 미래를 포기한 노인처럼 보였습니다.

무언가를 생산하는 생활의 계기는 무언가를 좋아하게 되는 것입니다. 좋아하기 때문에 비로소 생산할 수 있는 것인데, 그중에서도 사람과 관계를 맺으면서 생산하는 것은 매우 중요합니다. 예를 들어, 미술관이나 영화관에 가서도 그저 보기만 하는 것이 아니라 경험을 공유하는 것입니다. 사람들과 의견이나 감상을 서로 나누거나 인터넷에 감상을 적어서 공유하는, 플러스알파의 생산을 하면 체험이 더 풍요로워집니다. 앞서

언급한 친구 아내의 이야기도 마찬가지입니다. 요리를 만들고 SNS에 업로드해서 사람들과 소통하고 그를 통해 플러스알파를 생산함으로써 정체되었던 인생이 바뀌었습니다.

아무래도 좋습니다. 지금까지 체험으로만 그쳤던 일에 사람들과의 소통을 더하면 마음의 움직임이 활발해집니다. 지금까지 빠릿빠릿하게 일했던 사람이 정년퇴직 후에 급격하게 늙어 버리는 이유는 무언가를 생산하는 일을 그만두었기 때문입니다. **마음이 좋은 방향으로 활발해지는 시간에 사람은 늙지 않습니다. 오히려 젊음을 되찾습니다. 그리고 정신적으로 늙지 않은 사람은 자연스럽게 젊어 보입니다. 과거의 생산 활동으로 미래를 살 순 없습니다. 사람은 지금 현재에 무언가를 계속 만들어내지 않으면 설령 젊은 나이라 해도 노인과 다를 바가 없습니다.**

창조적으로 살기 위해서는 '오늘부터 창조적으로 살자'고 결심한다고 해서 갑자기 될 일이 아닙니다. 보통은 '지금까지 대체 뭘 한 거지?' 하며 마음이 침울해지는 단계를 거치는 것이 창조적으로 사는 계기가 됩니다. 여기에서 목표로 삼아야 하는 것은 훌륭한 아마추어입니다. 수십 년씩 실력을 갈고닦은 프로 뮤지션을 목표로 해서 당장 악기를 배운다고 해도 그 경지에 도달할 가능성이 낮습니다. 그럼에도 불구하고 굳이

악기를 배워 보는 것입니다. 음악을 좋아하는 사람이 악기를 배우기 시작해서 지금까지 막연하게 좋아한다고만 생각했던 음악의 세계를 아주 깊게 이해하는 즐거움을 얻었다는 이야기를 종종 듣습니다.

그리고 지금 시작하더라도 내가 가진 감각에 따라서는 프로에 근접할 수 있는 분야도 있습니다. 바로 무언가를 쓰는 행위입니다. 악기는 어린 시절부터 훈련을 거듭해야만 일정한 경지에 이를 수 있지만, 언어는 어렸을 때부터 우리 모두가 말하고, 쓰고, 듣기 때문입니다. SNS에서 무언가를 쓰는 행위가 언제나 인기 있는 것 또한 그 때문이라고 저는 생각합니다.

그 밖에도 누구나 인생에서 경험해 본 분야, 이를테면 요리나 정원 가꾸기 같은 일상적인 분야에서는 금방 훌륭한 아마추어가 될 수 있습니다. 어린 시절에 여건이 좋지 않아서 프로가 되지 못한, 동경하던 분야로 시선을 돌려 보면 창조적으로 살아가기 위한 열쇠가 숨어 있습니다. 그것을 통해 자신의 인생에 기회를 줘 보는 것입니다.

늘 무언가를 알고 싶다는 마음가짐

나이가 드는 것의 기쁨 중 하나는 '나의 가능성이 줄어든다'는 점입니다. 젊은 시절에는 자신의 풍부한 가능성과 그것을 따라가지 못하는 스스로에게 괴로움을 느끼는데, 나이가 들면 할 수 있는 일이 줄어들기 때문에 작은 가능성에 집중할 수 있습니다.

"나는 무언가가 되었다. 하지만 나이 든 나는 아무것도 아니다."

이것은 자학이 아니라 저의 솔직한 감상입니다. 일전에 한 멋진 배우와 함께 식사를 하는 자리에서 이런 이야기를 들었습니다. 젊은 시절에 그녀는 '너는 훌륭한 모델이 될 수 있을 거야'라는 말을 자주 듣곤 했는데, 파리 패션쇼에 가서 처음으로 다른 멋진 모델들을 봤을 때 같은 사람인가 싶을 정도로 팔다리가 길고 아름다워서 놀랐다고 합니다. 그 때문에 자신감을 잃은 그녀는 모델의 길을 포기하고 배우로 전향했습니다. 일본에서 활약하고 있는 가수 친구는 '너는 엄청난 재능이 있어'라는 말을 듣고 브로드웨이 오디션에 수차례 도전했지만 낙방의 연속이었다고 합니다.

가능성이 많다는 것은 자신을 침울하게 만들 일도 많다는 것입니다. 그러한 시기를 지나면서 스스로에 대해 제대로 알아가는 것입니다. 자신에 대해 알게 된 나에게 남아 있는 가능성 또한 적지 않습니다. 그것을 바탕으로 자신감과 확신을 갖고 도전할 수 있습니다. 젊은 시절과는 다르게 나이가 들어야 비로소 자신감을 가질 수 있는 일도 있습니다.

시간은 누구에게나 평등하게 주어지지만 그 질은 평등하지 않습니다. 젊음이란 언젠가는 낫는 병이었다는 생각마저 듭니다. 물론 나이가 들어 이런저런 힘든 일도 있지만 젊은 시절에는 더 극심한 갈등이 끊이질 않았습니다.

최근 뉴스를 보면 인생의 경험 순서가 엉망이 돼 버렸다는 생각이 듭니다. 아직 인생을 즐기고 충실하게 보낼 수 있는 50 대가, 장수하는 노인이 늘어난 탓에 부모를 간호하느라 집에 틀어박혀 지내는 경우도 많고, 또 취직한 후에도 학자금을 갚느라 힘들게 생활하던 청년과 그를 도와주던 부모가 함께 파산하는 경우도 자주 볼 수 있습니다. 이처럼 인생에서 순서가 틀어지는 일이 너무도 많습니다.

승려이자 시인인 잇큐 소쥰은 손자가 태어난 경사스러운 자리에서 몇 자 적어 달라는 부탁을 받았는데, "부모는 죽고, 자식은 죽고, 손자는 죽는다"는 불길한 글을 썼다는 이유로 수많은 비난을 들었습니다. 그러나 잇큐는 "부모, 자식, 손자의 순으로 세상을 떠나는 것 이상의 행복이 어디에 있겠는가"라고 대답했다고 합니다. 순서를 제대로 지키며 늙는 것이 가장 행복하게 늙는 것이라는 말입니다.

제 아내는 종종 '나이가 드니 좋네'라고 말합니다. 젊을 때에는 외국 레스토랑 가면 누군가의 일행 취급을 받았지만 이제는 제대로 대우를 받는다는 것입니다. '젊은 사람으로서', '어른으로서' 같은 식으로 취급받는 것이 아니라 이곳에 존재해야만 하는 인간으로서, 적절한 존경을 받는 인간으로서 대우받고 싶은 것입니다. 아내의 말에 따르면 그 자리를 통제하는 남자에게 지지 않는 우아함으로 자연스럽게 행동하며 즐길 수 있는 것이 진정한 어른 여성이라고 합니다.

나이가 들면 '모르는 것은 모른다'라고 솔직하게 말할 수 있게 됩니다. 예전에는 무리해서 아는 척을 했습니다. 모르는 것을 부끄럽게 생각했습니다. '무지의 무지'가 '무지의 지(知)'가 될 수 있습니다. 이제는 튀김 전문점 가서 "베도라치는 어떤 생선인가요?"라고 묻고, 프랑스 요리를 먹으러 가서, "와인은 소믈리에인 당신에게 페어링을 맡기겠습니다"라고 말하며 여유롭게 식사를 할 수 있게 되었습니다. 전문가에게 존경을 표함으로써 전문가가 '이 사람에게는 최고의 서비스를 해야지' 하고 생각할 수 있게 만드는 것입니다.

성숙한 어른이란 '그게 뭐예요?' 하며 모르는 것을 솔직하게 물을 수 있는 여유를 가진 사람이라고 생각합니다. 설령 의학이 발달해서 기대 수명이 300살이 되었다 해도 지금의 저처럼 모르는 것투성이일 것입니다. 늘 호기심을 갖고 있으면 늘 무언가를 알고 싶다는 마음도 계속 유지할 수 있습니다. 그리고 그만큼 사람은 성숙합니다. 나이가 든다는 것이 결코 나쁜 것투성이는 아닌 것입니다.

우리 모두
지금이 가장 젊은 나이

죽음이란 무엇일까요? 내가 죽은 후에 나를 기억하던 사람도 사라져서 이 세계에서 완전히 잊히는 것입니다. 첫 번째는 생명이 다해 죽음을 맞이하고 다른 사람에게 잊혀 두 번째 죽음을 맞이하는 것입니다. 완전한 무(無)인 것이죠. 이 운명에서 벗어날 수 있는 사람은 아무도 없습니다. 자신의 작품이나 업적을 통해 그 이름을 영원히 남기는 사람도 있지만 죽지 않음으로써 영원을 얻는 사람은 없습니다.

죽음을 두려워하는 것은 동물로서의 인간이 지닌 본능입니다. 인간은 죽음을 향해 살아가고 있다는 것을 아는 유일한 동물입니다. 하지만 인간은 한순간, 한순간 귀중한 시간을 지나 언젠가 끝이 온다는 것을 알면서도 쓸데없이 시간을 낭비하고, 생을 당연한 일처럼 여기며, 죽음에 가까워지고 있다는 것도 의식하지 않고 살고 있습니다. 죽음을 '언젠가 일어날 일'이라고 막연하게 생각하고 있지 않나요?

그러나 당장 3일 후에 죽을지도 모릅니다. 최근에 등산이 취미인 제 친척이 아침에 '다녀올게' 하며 집을 나서서 밤에 시신이 되어 돌아왔습니다. 산에서 실족해서 미끄러져 떨어진 그녀는 40대의 나이에 세 명의 어린아이들을 남겨둔 채 그렇게 생을 마감했습니다. 밤에 잠들기 전에 그녀의 미소를 떠올리면 눈물이 쏟아질 때가 있습니다. **그래서 저는 좋아하는 사람이 생기면 주저 없이 호의를 표합니다. '이거다' 싶은 것은 고민하지 않고 삽니다. 여행을 가고 싶다는 생각이 들면 갈 수 있는 데까지 가봅니다. 오늘만 사는 사람처럼 말입니다. 하지 않은 일을 후회하는 것이 실수로 저지른 일을 후회하는 것보다 훨씬 깊다는 것을 82세가 되어서 깨달았습니다.**

죽음은 해방이기도 합니다. 태어나는 것이 축복이라면 죽음 역시 축복받아야만 합니다. 내가 이 세상에서 한순간에, 원래 없었던 것처럼 사라질 수 있는 스위치가 있다면 당신은 누르시겠습니까? 애초에 내가 이 세상에 존재하지 않았고 누군가의 기억에도 존재하지 않게 되는 스위치입니다. 누르고 싶어 하는 사람도 꽤 많을 거라 생각합니다. 많은 사람이 매년 자살을 택하는 것만 봐도 그런 생각이 듭니다.

하지만 모든 사람이 태어났을 때부터 그 스위치를 눌러 놓았습니다. 언젠가는 무(無)가 되는 스위치를 말이죠. 언젠가 모든 것이 끝날 테니까 지금은 열심히 노력하자는 생각이 지금까지 저를 몇 번씩이나 구해 주었습니다.

어쩔 수 없는 일에 마음을 쏟지 않는다

자아를 실현했는지 그렇지 않은지의 판단 기준이 뭘까요? 그것은 곧 내가 원하는 내가 되었는지 그렇지 않은지가 될 것입니다. 하지만 내가 원하는 나에게 가까워질 수는 있어도 완벽한 나는 결코 될 수 없습니다. 내가 원하는 나를 목표로 하는 것은 분명 중요한 일입니다. 하지만 이상적인 내가 되지 못한 데 불만을 느끼면 평생 욕구 불만으로 살아가게 됩니다. 100퍼센트 자신이 원하는 대로 인생을 사는 사람은 과거에도, 미래에도 단 한 명도 없지 않을까요?

82년을 살아오며 제가 실감한 것은, 인생에서 내가 제어할 수 있는 부분은 고작 50퍼센트에 불과하다는 것입니다. 다른 사람도, 내가 낳은 자식조차도 내 마음대로 할 수 없습니다. 살기 힘들다는 고민을 자주 듣는데 대체로 그들은 스스로 제어할 수 없는 50퍼센트의 일 때문에 고민합니다.

인생에서 '어쩔 수 없는 일'은 반드시 있습니다. 그 '어쩔 수 없는 일'에 괴로워하고 마음을 쏟아도 변하는 건 없습니다. 다만 지금 내가 해야만 하는 일들을 할 뿐입니다. 그것을 계속하면 어쩔 수 없었던 일이 어떻게 될 때도 있습니다. 그래서 저는 안 된다는 생각은 접어 두고 '지금' 할 수 있는 일을 '오늘' 합니다.

내가 나로 존재할 수 있는 중심점

정체성을 갖는다는 것은, 인생에서 마주하는 수많은 역경에 짓눌리지 않고 견뎌낼 수 있는 마음속 중심이 생긴다는 것입니다. 그것이 제게는 글쓰기였습니다. 저는 출판사의 경영 문제나 인간관계, 부모 자식 간의 이별, 이유 없는 공격을 당하는 등 수없이 많은 곤란을 겪었습니다. 하지만 저는 글을 쓰는 것을 제 마음의 중심으로 삼고 극복할 수 있었습니다. 그리고 그것이 저의 정체성이 되었습니다.

이러한 정체성을 갖는다는 것에는 유의할 점이 한 가지 있습니다. 그것이 다른 사람이나 어떤 물건에 기인해서는 안 된다는 것입니다. 어디까지나 자아에 입각한 자기 자신이어야만 합니다. 타인이나 물건은 언젠가 잃어버립니다. 사람은 변심하고 물건은 단지 소유물입니다. 그런 불확실한 것에 나라는 인간을 맡길 수는 없습니다. 반드시 내 안에 씩씩한 정체성을 가져야 합니다.

다른 사람보다 뛰어나거나, 다른 사람에게 없는 것이나, 특별한 것일 필요는 없습니다. 업무 능력이나 외모도 평범하고 눈에 잘 띄지 않는 사람이더라도, 가족을 깊이 사랑하는 마음을 갖고 있다는 것을 자각하면 '나는 다른 사람을 소중히 여길 수 있는 사람'이라는 훌륭한 정체성이 생기지만, 가족 그 자체를 내 자랑으로 삼으면 가족이 사라졌을 때 자신감도 함께 무너져 버립니다.

많은 것을 잃어도 최후에 자신에게 남는 것, 그것을 정체성으로 삼아야 합니다. 단단한 정체성은 흔들릴 일이 없습니다. 직업이 무엇이든, 지위나 명예가 사라지든, 나이가 몇 살이든 내가 나로 존재할 수 있는 중심점이 되는 것입니다.

과거에 대한 후회를 내려놓는 법

"'지금까지'가 '앞으로'를 결정하는 것이 아니라 '앞으로'가 '지금까지'를 결정한다."

이론물리학자 사지 하루오 씨의 말입니다. 자신의 인생에서 자아를 실현하기에는 너무 늦었다고 생각하는 사람들에게 희망을 주는 말입니다. 모든 사람이 과거에 있었던 불쾌한 기억이나 트라우마를 안고 있습니다. 그러나 사지 선생님의 말처럼 앞으로가 지금까지를 결정할 수 있다면, 과거에 대한 해석을 바꿀 수 있습니다. **이미 일어나 버린 과거를 바꿀 수는 없습니다. 그러나 그 과거의 해석을 바꿀 수는 있습니다. 지금의 내가 미**

래에 대한 희망을 품는 순간부터 과거에 대한 해석이 달라지는 것입니다.

'조금 더 일찍 깨달았으면 좋았을 텐데' 하는 후회는 있지만 이렇게 생각할 수 있을 때까지 지금까지의 모든 인생이 필요했던 것이라고 여긴다면 곧 과거에 대한 해석이 바뀌었다는 증거입니다. 그 전환기가 언제 찾아올지는 모릅니다. 10대에 열심히 하지 못했다면 20대에 하면 됩니다. 20대에 열심히 하지 못했다면 30대에 하면 됩니다. 30대에 하지 못했다면 40대에 하면 됩니다. 언제부터든 노력해도 좋습니다. 그렇게 하면 가고 싶었던 곳에는 갈 수 없을지 모르지만 가야 하는 곳에는 다다를 수 있을 것입니다.

인생에서 특별히 중요한 시기는 없습니다. 어느 시기가 됐건 그때 그 순간이 가장 중요한 것입니다. 젊었을 때의 1년만큼 노년의 1년도 똑같이 중요합니다.

할 수 있는 것에 집중한다

제가 20대 때는 '나의 한계를 정하지 마라'는 풍조가 있었습니다. 지금도 그런 사고방식이 존재하겠지만 저는 일부러 한계를 만들어야 한다고 말하고 싶습니다. 그 경계의 기준은 '이이상 노력해서 내가 행복해질 수 있는가'라고 생각합니다. 행복해질 수 없다는 판단이라면 포기해도 좋다고 생각합니다. 다만, 그 전제는 '충분히 노력한 후'라는 것입니다.

평창 올림픽에서 2연패한 하뉴 유즈루 선수는 일본 기자 클럽의 회견에서 "할 수 있을 때 최선을 다해서 제가 할 수 있는 것을 합니다. 할 수 없을 때는 제 나름대로 할 수 있는 것을 합니다"라고 말했는데, 이 말은 일반인인 우리에게도 얼마든지 적용할 수 있는 말이라고 생각합니다.

할 수 없을 때 모든 것을 포기해 버리지 않는 것이 중요합니다. 할 수 없을 때는 할 수 없는 대로 자신이 제어 가능한 일에 집중하면 됩니다. 이것은 올림픽 금메달리스트에게만 해당하는 이야기가 아니라 우리가 일을 할 때나 인간관계를 맺을 때에도 응용할 수 있습니다.

그는 자신의 한계를 알고 있었기 때문에, 큰 부상을 입고 나서 '어떻게 하면 금메달을 딸 수 있을까' 생각하며 전략을 세웠을 것입니다. '고민'하는 것과 '생각'하는 것은 다릅니다. 고민한다고 문제가 해결되지는 않지만 생각을 하면 가장 좋은 답을 찾을 수 있습니다. 만약 답을 찾는 데 실패했다면 두 번째, 세 번째 시도에 좋은 답을 찾을 수 있을 것입니다.

고민하는 것은 마음의 영역이고, 생각하는 것은 행동의 영역입니다. 문제가 생기면 고민을 하면서라도 좋으니 일단 생각해야 합니다. 끝까지 생각해야 합니다. 그리고 생각한 것을 행동으로 옮겨야 합니다. '진지해져라. 심각해지지 마라.' 이것이 바로 늘 강한 사람으로 존재할 수 있는 비결입니다.

극복할 수 있는 힘은
나에게 있다

'젊을 때 고생은 사서라도 하라'는 말이 있는데, 저는 그렇게 는 생각하지 않습니다. 굳이 말하자면 고생은 보상받아야 비 로소 값진 고생으로 몸에 익는 법입니다. 쓸데없이 고생을 거 듭해서 인간성이 좋아지는 것도 아니고, 마음이 성숙해지지도 않습니다. 가능하다면 쓸데없는 고생은 하지 않는 편이 좋습 니다. 여기에서 강조하고 싶은 것은 인생을 살며 고생을 하지 않을 수는 없기 때문에, 그 고생을 어떤 식으로 받아들이느냐 에 따라 인생의 질이 달라진다는 점입니다. '지금 내가 하는 고

생은 나의 발전을 위해 내가 신중히 선택한 것'이라는 강한 신념을 갖지 않으면, 사람은 고생의 이유를 찾지 못한 채 겪으면서 비뚤어져 버립니다.

다른 사람 때문에 한 고생뿐만 아니라 스스로도 불필요한 고생을 사서 할 때가 있습니다. 그럴 때 꼭 객관적으로 자기를 돌이켜봐야 합니다. 거짓말을 하거나 불성실하거나 일상에 여유가 없는 등 마음이 부정적일 때입니다. 고생은 자신의 힘으로 줄일 수 있습니다. 고생을 줄이기 위해서는 남을 탓하지 않겠다는 마음가짐이 필요합니다. '지금의 나는 누군가의 탓으로 이렇게 된 것이 아니다', '나의 선택이 원인이다', '지금부터 그 선택을 바꿔 보자'라고 깔끔하게 인정하지 않으면 다음 단계로는 나아갈 수 없습니다.

'부모 때문에', '상사 때문에' 하는 식으로 가해자를 만들어 계속 책임을 전가하면, 아무리 시간이 흘러도 피해자의 처지에 머뭅니다.

세상을 뒤흔들어 놓았던 아키하바라역 무차별 살상 사건의 범인은 범행 이유가 다른 사람 때문이었습니다. '어머니가 나를 잘못 키웠다', '직장에서 따돌림을 당했다', '인터넷에서 사이버 불링을 당했다' 등등처럼 말이죠. 다 큰 어른이 자기의 생각과 판단에 따라 일을 처리할 수 있는 나이가 되어서도 계속해서 남을 탓했던 것입니다. 다른 사람의 인생을 끝내는 이유가 다른 사람 때문이었던 것이죠. 그는 재판에서 서슴없이 "사형이라도 좋습니다"라고 말했습니다.

자신의 고생을 다른 사람의 탓으로 돌리기는 아주 간단합니다. 자신이 노력하지 않는 원인이 타인에게 있다고 믿어 버리면 책임감과 중압감에서 간편하게 벗어날 수 있습니다. 하지만 그러한 태도는 자신의 인생을 책임지지 않겠다는 것과 다름없습니다.

자신에게 주어진 가혹한 환경을 극복해 나가야 합니다. 모든 것은 '나의 탓'입니다. 저는 '자기 원인설'이라는 것을 믿습니다. **아무리 가혹한 조건이라 할지라도 인생은 자신에게 주어진 카드로 승부할 수밖에 없습니다. 자신이 원인이라고 생각하는 사람은 고생을 통해 그것을 극복할 수 있는 힘을 만들어 나갑니다.** 하지만 자신을 피해자라고 생각하며 다른 사람들을 원망하는 사람은 고생하면 할수록 비뚤어집니다.

행복은 지금도 곳곳에 있다

'나는 대단한 일을 하지 못한 채 죽어 버리게 될까?' 만약 어떤 위업을 이뤘다 해도 누구나 최후에는 이런 생각을 하며 죽어가지 않을까요? 철학자 요시모토 타카아키의 저작에서 이런 구절을 읽고 크게 공감한 적이 있습니다.

"시정(市井)의 한 구석에서 나고 자라 아이를 낳고 생활하고 늙어서 죽는 생애를 반복한 무수한 인물은 세상에 천 년에 한 번밖에 나오지 않을 인물의 가치와 완전히 똑같다."

여기에서 '천 년에 한 번밖에 나오지 않을 인물'이란 칼 마르크스를 가리킵니다. 마르크스처럼 세상에 이름을 남긴 인물의 가치와 당신 혹은 저라는 인간의 가치는 동등하다고 말하고 있는 것입니다. 또 이런 말이 있습니다.

"결혼해서 아이를 낳고 아이가 등을 지고 늙어서 죽는, 그런 식으로 살아서 생을 끝낸 자가 가장 가치 있는 존재다."

이 말은 저의 인생관 그 자체입니다. 물론 제가 존경의 뜻을 갖고 두려워하는 인물은 있습니다. 반대로 대단치 않다고 생각하는 사람도 있습니다. 그러나 그 사람들과 저는 동등합니다. 제게는 어떤 슈퍼스타의 호화로운 생활보다는 부모 자식, 부부, 친구 등과의 기분 좋은 생활이 더 가치 있습니다. 행복은 다른 곳에 있지 않습니다. 지금도 곳곳에 있습니다. 그것을 발견할 수 있는 여유로운 마음이 필요할 뿐입니다. 저는 어떤 위업을 이루지는 못하더라도 좋은 인생이었다고 말할 수 있다면 그 이상의 행복은 없다고 생각합니다.

오늘의 나로 괜찮다는 다짐

여든 살을 넘기니 젊은 시절에는 거뜬했던 일들을 더 이상 할 수 없게 될 때가 많아졌습니다. 하지만 누구에게나 가능한 일을 할 수 없더라도, 아무나 하지 못하는 일을 한 가지 할 수 있다면 있다면 그걸로 됐습니다. 하고 싶은 일이 하나 있으면 됩니다. 저에게는 그 한 가지가 있습니다. 모든 것에 있어서 전지전능한 어른은 되지 못하지만 나만이 할 수 있는 단 하나가 있다면 나이가 들어도 보람을 느끼며 생을 마감할 수 있습니다.

저는 7년 이상 트위터를 하고 있는데 '저는 하고 싶은 게 아무엇도 없어요', '저한테는 장점이 없어요', '저는 좋아하는 게 없어요', '어떻게 하면 좋을까요?'와 같은 메시지를 수없이 많이 받습니다. 나라는 인간에게서 단 하나의 장점도 발견하지 못한다는 말입니다. 아무리 그래도 자신감을 너무 잃어버린 게 아닐까요?

하고 싶은 일을 찾는다는 것은 내가 자신 있는 분야를 즐긴다는 것입니다. 그들의 메시지를 읽다 보면 하고 싶은 것을 찾기보다는 무언가를 하고 싶지 않아서 변명거리를 찾고 있는 것처럼 느껴집니다. 여기에서 중요한 것은 다른 사람이 나를 어떻게 생각할지를 신경 쓰지 않는 것입니다. 내가 즐거우면 그만입니다.

'나는 이게 좋아서 하는 거야', '이걸로 밥 벌어 먹고살 수 있는 건 아니야', '하지만 내가 좋아서 하는 거니까 그걸로 됐어' 하며 납득하면 됩니다. 무언가 열중할 수 있는 일이 있다는 것은 마음의 피난처가 됩니다. 열중하면서 얻는 즐거움이 있다면 기분 나쁜 일이 생겨도 그곳으로 도망갈 수 있습니다.

그리고 기억해야 할 점이 하나 있습니다. 하고 싶은 일에는 반드시 사람이 엮인다는 것입니다. 다른 사람 없이 혼자 삶의 보람을 얻는 일이란 이 세상에 없습니다. 삶의 보람은 사람과 엮이는 것을 두려워해서는 찾을 수 없습니다. 저는 '먼저 하는 사람이 승자'라고 생각합니다. 할지 말지 고민될 때는 일단 남에게 폐를 끼치지 않는 선에서 해 봅니다. '한다' 혹은 '하지 않는다'는 다시 말해서 '유'인가 '무'인가입니다. 문제는 할 수 있는데 하지 않는 것입니다.

저는 말보다 행동을 믿습니다. 내가 좋아하는 일이 있다면 행동하면 됩니다. 처음부터 완벽하게 잘할 수 있는 일이란 없습니다. 미흡한 시도였다면 다시 더 잘할 수 있는 준비를 하면 됩니다. 완벽한 준비는 아니더라도 기회를 놓치는 일이 줄어듭니다. 가까운 예로, 평소에 나를 갈고닦지 않으면 좋아하는 사람이 말을 걸어도 센스 있게 대화를 나누지 못하고 다음 만남을 기약할 수 없습니다.

인생에서 준비는 굉장히 중요합니다. 100퍼센트 완벽한 결단을 내리기 위한 충분한 정보 같은 건 결코 손에 들어오지 않습니다. 그저 그렇게 되기 위해 준비를 하는 것입니다. 옛말에 "준비가 8할, 일은 2할"이라는 말이 있습니다. 누구나 불의의 사고가 일어났을 때 허둥대지 않고 늘 '오늘의 나로 괜찮다'고 말할 수 있는 내가 되고 싶을 것입니다.

인생의 이모작, 삼모작

스포츠 세계에서는 20대 중반에 베테랑이라 불리고 30대에 은퇴하는 것은 당연하다는 이야기를 종종 듣습니다. 선수로서의 절정기가 10대라는 스포츠마저 있습니다. 유소년기부터 그 세계에 푹 빠져 그때까지 거기에 모든 인생을 바쳐 왔음에도 좋은 성적을 내지 못하면 은퇴라는 두 글자뿐이 남지 않습니다. 하지만 그것이 인생의 끝일까요? 아닙니다. 한 세기를 휩쓸었던 선수들이 은퇴 후에 쌓은 세컨드 커리어는 무궁무진합니다.

보도에 따르면 미식축구 리그인 NFL(National Football

League)에서는 은퇴 후 2년간 거의 80퍼센트의 선수들이 파산 혹은 그에 준하는 경제 상황에 놓이고, 농구 리그인 NBA(National Basketball Association)에서는 은퇴 후 5년 만에 60퍼센트의 선수가 파산한다고 합니다. 야구 리그인 MLB(Major League Baseball)도 비슷한 상황이라고 합니다. 인생이 일모작이라고 생각하면 그렇게 되는 게 당연할 것입니다. 하지만 인생의 단계는 여러 단계가 있어서 이모작, 삼모작이 가능하다고 생각한다면 하나의 커리어의 끝은 다음을 향한 단계입니다.

스포츠 해설자나 지도자로서 다음 단계로 나갈 수 있습니다. 하지만 실제로는 그렇게 되지 못한 사람이 적지 않습니다. 이것은 유명인에게만 해당하는 이야기가 아닙니다. 일반인도 마찬가지입니다. 첫 번째 커리어가 끝났을 때 우리는 가장 큰 데미지를 받습니다. 이때 마음을 강하게 먹지 않으면 다시 삶의 보람을 찾기가 어렵습니다. 그러니 특히 젊은 사람들에게 꼭 전하고 싶은 말이 있습니다. 꿈이나 희망이 무너지더라도 재빨리 다음 인생을 살아야 한다는 것입니다.

인생에 기회가 한 번뿐이라는 것은 잘못된 생각입니다. 인생 이모작 정도는 당연합니다. 오래 살면 삼모작도 가능합니다. 비관적으로 생각하지 마세요. 제가 좋아하는 말 중에 "낙관적인 사람이 되고 싶다면 객관적으로 생각하라"는 말이 있습니다. 어제 "인생 이모작도 삼모작도 가능하다"고 트위터를 날렸더니 "그러다 실패하면 인생에서 즉시 퇴장이다. 현실을 너무 모르는 것이 아니냐"는 답장이 날아왔는데 그런 현실은 저는 모릅니다. 인생은 '패배'를 받아들이는 것의 연속입니다. 100번 패배해도 101번째 승리한다면 훌륭합니다. 승리를 이해하는 것은 간단합니다. 패배를 이해해야만 그다음을 향해 나아갈 수 있습니다.

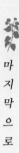

마
지
막
으
로

한 해가 지날수록 제 몸은 늙어갑니다. 신체의 강도도 점점 쇠약해져 갑니다. 하지만 걱정은 하지 않습니다. 인간으로서의 강도는 점점 강해지고 있으니까요. 몸은 쇠약해져 죽더라도 정신은 가장 강인한 상태로 죽겠다는 것, 이것이 제가 인생을 살아가는 방식입니다.

강인함뿐만이 아닙니다. 이를테면 저와는 완전히 다른 수준으로 존경할 수 있는 사람, 내가 너무 좋아서 어쩔 줄 모르는 사람, 내가 무조건적으로 행복하게 해 주고 싶은 사람들이 있는 세상이라면 저도 열심히 살아갈 가치가 있다고 생각합니다. 거기서 행복을 느끼고 따뜻한 마음으로 살아갈 수 있습니다.

어떤 판단을 앞두고 고민하고 있다면 사람으로서 아름다운 편을 택하는 것이 제 인생의 결론입니다. 인생에는 반드시 후회가 따릅니다. 과거를 돌아보면 '아, 그때 저 사람에게 혹은 저 상황에서 더 나은 방향으로 말하고 행동했어야 했는데' 하며 후회할 때가 많습니다. 하지만 지금 '어쩔 수 없다, 그때는 그게 최선이었다'고 생각할 수 있으려면, 그때의 후회도 포함해서 지금까지 나의 모든 인생이 필요했던 것입니다. 인생은 그렇게 해서 되돌릴 수밖에 없습니다.

제가 생각하는 어른은 다른 사람에게 상처를 입힐 때도 있고 상처받을 때도 있음을 이해하는 사람이라고 생각합니다. 또한, 누군가를 용서하고 나도 누군가에게 용서받고 있다는 것을 이해하고 있는 사람입니다.

인생에서 갈피를 잡기 힘든 순간에는 사람으로서 아름다운 쪽을 택하면 됩니다. 즐거운 쪽을 택하면 됩니다. 상대가 기뻐해 주는 쪽을 택하면 됩니다. 전혀 어렵게 생각할 필요 없습니다. 앞으로 남은 시간도 심플하게 더 좋은 쪽을 선택하면서 살수 있다면 더할 나위 없습니다.

힘든 일은 많았지만 불행하지는 않았습니다. '어차피 나 같은 건 이런 식이야' 같은 생각은 절대 하지 않습니다. 이 나이가 되어서도 저는 여전히 앞날이 창창하다고 생각합니다. 누가 어떤 말을 하든 스스로 나의 가능성을 닫으려고는 생각하지 않습니다.

앞으로의 인생, 이 순간보다 더 젊을 때는 없겠지만 오늘도 저의 가능성을 믿고 즐길 수 있는 날들을 보냅니다. 절정이 지난 후에는 성숙하거나 쇠퇴합니다. 저는 절정기를 지난 노인이지만 쇠퇴가 아니라 성숙을 택하겠습니다.

어른이 되어보니 보이는 것들

초판 발행	2022년 12월 15일
지은이	코이케 가즈오
펴낸곳	다른상상
등록번호	제399-2018-000014호
전화	02)3661-5964
팩스	02)6008-5964
전자우편	darunsangsang@naver.com

ISBN   979-11-90312-72-1 03190

독자 여러분의 책에 관한 아이디어나 원고 투고를 설레는 마음으로 기다리고 있습니다.
이메일로 간단한 개요와 취지, 연락처를 보내주세요. 독자님과 함께하겠습니다.